PAIDEIA ÉDUCATION

COLETTE

Le Blé en herbe

Analyse littéraire

ISBN 978-2-7593-0100-3
Dépôt légal : Mars 2019

SOMMAIRE

BIOGRAPHIE

COLETTE

Sidonie-Gabrielle Colette, plus connue sous son unique patronyme, est née le 28 janvier 1873 à Saint-Sauveur-en-Puisaye, dans l'Yonne. Elle est le dernier enfant de Sidonie Landoy et du capitaine Jules-Joseph Colette, alors officier à la retraite, après avoir perdu sa jambe. Sa mère avait déjà eu deux enfants d'un premier mariage, Juliette et Achille, et de ses secondes noces avec Colette, naîtront Léopold, et Sidonie-Gabrielle.

La future romancière mène une enfance heureuse, entre sa mère qui la chérit et l'appelle son « Joyau tout en or », ses frères, « Les Sauvages », et son père. Elle rendra hommage à cette enfance bénie en Bourgogne, au milieu des jardins et des bêtes, dans son roman *Sido* (1930), et plus globalement dans toute son œuvre, où se manifeste cet amour inconditionnel de la province et de la nature, transmis par sa mère. Cependant, à la suite de problèmes financiers, les Colette sont contraints de déménager à Châtillon-Coligny, en 1891.

Colette rencontre Henry Gauthier-Villars, surnommé Willy, et l'épouse en 1893 ; elle est alors âgée de vingt ans. Elle le suit à Paris, où elle commence à mener une vie mondaine, dans les cercles intellectuels et littéraires où son mari l'introduit. En 1900, paraît le roman *Claudine à l'école*, sous la signature de Willy. Le roman est le premier de la série des *Claudine*, et raconte l'histoire d'une jeune provinciale insolente et aventureuse, qui ressemble comme deux gouttes d'eau à Colette. Plus tard, le public s'apercevra que l'auteur principal de ces romans n'est autre que Colette. Cependant, de nos jours, on ne sait toujours pas jusqu'à quel point Willy a participé à cette rédaction, c'est pourquoi les romans sont toujours publiés sous les deux noms.

En 1906, Colette se sépare de son mari volage, qui la trompe et la maintient, semble-t-il, sous une certaine tutelle. Elle commence alors une carrière comme mime, au music-hall, qui durera jusqu'en 1912. Ce sont des années de libération totale ; elle se produit sur scène dans des tenues très légères, divorce de Willy, et connaît plusieurs aventures, notamment lesbiennes, avec Mathilde de Morny, dite Missy, qui achète pour elle le manoir de Rozven, en Bretagne.

Elle devient également reporter au journal *Le Matin* ; c'est le début d'une carrière journalistique très importante ; elle écrira des chroniques et des articles toute sa vie. Parallèlement, elle poursuit sa carrière d'écrivain et se fait peu à peu connaître avec *Dialogues de bêtes* (1904), *Les Vrilles de la Vigne* (1905), *La Vagabonde* (1910), entre autres.

En 1912, Sido meurt, mais sa fille curieusement, n'assiste pas aux funérailles. Cette même année, elle épouse le directeur du *Matin*, Henri de Jouvenel, et devient ainsi baronne. Un an plus tard, naît Colette de Jouvenel, surnommée Bel Gazou.

En 1923, Henri de Jouvenel se sépare de sa femme après avoir découvert la liaison qu'elle entretenait avec son propre fils, issu d'un premier mariage, Bertrand de Jouvenel (âgé de dix-sept ans à l'époque). Cette année-là paraît le premier roman signé « Colette », *Le Blé en herbe*, dont on a souvent dit qu'il était inspiré de cette liaison.

Deux ans plus tard, Colette rencontre Maurice Goudeket sur la Côte d'Azur. Cet homme, qui deviendra son troisième mari, a vingt ans de moins qu'elle. En 1928, elle est promue officier de la Légion d'honneur. En 1932, elle ouvre un salon de beauté, qui rencontra cependant peu de succès. Elle continue toutefois à gravir les échelons de la gloire littéraire, en étant élue à l'Académie royale de langue et de littérature françaises de Belgique, en 1935, puis commandeur de la Légion d'Honneur en 1936. Elle épouse également Maurice Goudeket, à l'âge de soixante-deux ans. En 1945, elle est élue à l'unanimité à l'Académie Goncourt, dont elle deviendra la présidente en 1949.

Vaincue par ses problèmes d'arthrite, la romancière est condamnée à demeurer chez elle, mais continue à écrire de son appartement du Palais-Royal. Elle meurt le 3 août 1954, âgée de quatre-vingt-un an, et le gouvernement lui organise des funérailles nationales. Cependant, la paroisse de Saint-Roch lui refuse les obsèques religieuses au motif de son double divorce et des scandales passés.

PRÉSENTATION
LE BLÉ EN HERBE

Publié en 1923, *Le Blé en herbe* est un des plus célèbres romans de Colette, peut-être l'un des points culminants de son œuvre, puisqu'elle l'écrit au beau milieu de sa vie.

Souvent considéré comme le récit autobiographique de sa liaison avec Bertrand de Jouvenel, le fils de son deuxième mari, le roman va en effet mettre en scène la liaison d'un jeune garçon de seize ans, et d'une femme plus âgée et plus expérimentée. Le point de vue et les sentiments de cette femme restent cependant mystérieux, car le roman se focalise sur les impressions du jeune homme, Philippe. De plus, cette liaison ne permet que de mettre en valeur l'intrigue amoureuse principale, entre Philippe et sa jeune cousine Vinca. C'est en effet son initiation amoureuse par Mme Dalleray qui lui donne matière à réflexion sur l'amour ; leur relation est le contrepoint parfait de celle établie avec Vinca, dont Philippe tente de préserver la pureté enfantine.

Il est donc ici question d'amour, du passage à l'adolescence et de la naissance du désir physique, que le jeune idéaliste tente, sans grand succès, de séparer de son amour d'enfance.

RÉSUMÉ DU ROMAN

Chapitre I

Lors du premier chapitre apparaissent les personnages principaux ; Vinca, quinze ans, surnommée « la Pervenche » à cause de ses yeux, et Philippe, son cousin, âgé de seize ans. Ils sont amis d'enfance, passent tous leurs étés ensemble, en Bretagne, au bord de la mer. Cependant leur passage de l'enfance à l'adolescence transforme cette relation fraternelle en amour naissant. Philippe, « subtil, né pour la chasse et la tromperie » cherche déjà à saisir, à dominer sa cousine ; son amour est violent, brutal. Mais elle, « garde encore la dignité rêche des enfants » et résiste.

Chapitre II

Après la baignade, les deux enfants rejoignent leurs familles pour déjeuner ; les parents de Philippe, ceux de Vinca, et sa jeune sœur, Lisette, âgée de huit ans. À ce déjeuner participe un parisien, invité pour l'occasion. Philippe est alors frappé par la laideur d'une Vinca soignée, coiffée, très différente de la Vinca « naturelle », qui se baigne et joue avec lui. « Je ne l'ai jamais vue si laide », pense-t-il face à celle qu'il compare à un « singe habillé ». Cependant, l'invité fait remarquer sa grâce, la compare à un tanagra, et Philippe découvre alors une Vinca coquette et séductrice, qui l'éblouit par sa beauté.

Chapitre III

Au cours d'une discussion entre les deux cousins, Philippe fait preuve d'impatience, son défaut caractéristique. Il ne supporte pas d'être entre l'enfance et l'âge adulte, et voudrait déjà avoir vingt-cinq ans. À cette impatience puérile, Vinca répond par la douceur et la soumission au temps de sa

« sagesse de femme ».

Chapitre IV

Alors qu'il a laissé Vinca sur la plage, Philippe rencontre une dame « tout de blanc vêtue », qui lui demande son chemin. Face à cette femme plus âgée qui semble le percer à jour très facilement, il est saisi de timidité. Elle s'en va après une courte conversation, voyant Vinca arriver, qui, elle, est surprise de voir son cousin parler à une inconnue.

Chapitre V

Un jour de pluie, Vinca et Philippe sont obligés de rester à la maison ; les vacances tirent à leur fin, et ils seront bientôt séparés, ce qui pousse Philippe à s'interroger sur ses sentiments. Lors d'une éclaircie, ils sortent et vont observer la mer depuis un rocher. On comprend alors que Vinca accepte peu à peu son amour pour Philippe, mais qu'elle ne supporte pas ses tourments ; elle glisse lentement du rocher, proposant ainsi à son ami l'échappatoire de la mort. Cette porte de sortie lui est refusée par son cousin qui la tire en arrière, et n'accepte pas de laisser celle qu'il considère comme sa propriété (d'un consensus commun des deux familles, les cousins sont promis l'un à l'autre depuis longtemps). Vinca est ainsi refusée à la mort.

Chapitre VI

Quelques jours se passent et l'automne commence à se faire sentir. Les deux héros, en sursis, pique-niquent sur la plage, avec Lisette, la jeune sœur, qui leur semble être comme leur enfant.

Chapitre VII

Les quatre parents discutent gaiement et avec légèreté de l'avenir de leurs enfants ; Philippe sera ingénieur, tandis que Vinca, sa femme, tiendra la maison. Tous deux cependant se sentent victimes de l'incompréhension des adultes, qui ne saisissent pas la gravité et l'importance de leur relation. « Comme ils sont gais ! se dit Philippe [...] Oh ! décréta-t-il superbement, le pauvre homme n'a jamais aimé... »

Chapitre VIII

Fin août, alors que Philippe s'est proposé pour aller porter une dépêche à bicyclette, il s'arrête près de la propriété de « Ker-Anna », dont il rencontre par hasard le locataire ; il s'agit de la « dame en blanc », qu'il avait rencontrée, et qui lui propose un verre d'orangeade. Au cours de la conversation, Philippe se montre d'autant plus maladroit que la femme, Mme Dalleray, est l'exact contraire de Vinca. Femme mûre, « virile », ses cheveux sont noirs, signe de dureté, sa peau est très blanche, et c'est une femme d'intérieur, qui vit dans une semi-obscurité ; elle est à la fois séductrice et dangereuse. Philippe s'enfuit presque, et retrouve Vinca, en même temps que sa supériorité.

Chapitre IX

Marqué par sa deuxième rencontre avec Mme Dalleray, qu'il cache à Vinca, Philippe décide de lui porter des fleurs ; des chardons bleus, « miroir des yeux de Vinca ». Il décide de ne pas céder à une autre invitation, et pour cela, de lancer les fleurs par-dessus la grille. Encore une fois son action auprès de Mme Dalleray est frappée du sceau de la maladresse et de l'impuissance, puisque la femme se trouve juste à ce moment près de la grille et reçoit le bouquet sur la tête. Découvrant Philippe, elle ne lui en veut pas, mais lui conseille de ne pas revenir pour payer son orangeade d'un bouquet, mais « la main tendue ». « Je n'aime que les mendiants ou les affamés » ajoute-t-elle. Philippe s'en va, une fois de plus vaincu.

Chapitre X

Quelques jours plus tard, on comprend que les visites de Philippe à « Ker-Anna » pour y prendre le goûter se sont poursuivies, mais cela, Vinca le comprend aussi et se montre hostile à son cousin, auprès duquel elle sent une autre présence féminine, celle d'une rivale. Philippe continue pourtant à se défendre d'elle. Cependant, au cours d'un goûter, elle saisit son poignet ; il commence par le lui refuser violemment, puis le lui redonne, signant ainsi sa défaite.

Chapitre XI

Le chapitre commence la nuit même, quand Philippe quitte « Ker-Anna », après y avoir finalement rejoint Mme Dalleray, malgré toutes ses hésitations, notamment devant la fenêtre de Vinca. Ici est marquée une rupture ; Philippe a définitivement quitté l'âge de l'enfance, pour celui de l'entre-deux qu'est l'adolescence. En rentrant, il aperçoit de la lumière chez Vinca : elle ne dort pas. Philippe fait immédiatement la comparaison avec sa maîtresse, et sa réaction n'est pas celle d'un jeune homme victorieux : « Jamais » répète-t-il à voix haute. On sent ainsi combien cette première expérience sexuelle lui a été douloureuse, au point de ne pas vouloir l'infliger à celle qu'il aime, c'est pourquoi la fin du chapitre le décrit en ces termes : « Dans un visage que la lassitude amincissait, des yeux languissants, agrandis par leur cerne, [...] des traits plaintifs, et moins pareils à ceux d'un homme qu'à ceux d'une jeune fille meurtrie. »

Chapitre XII

L'expérience de la veille semble avoir fragilisé Philippe, qui se réveille tard, moqué par sa cousine qui lui demande s'il est malade. Il descend se baigner avec Vinca, non pas à demi-nu, mais vêtu d'un peignoir, comme s'il voulait se protéger, et se fait la remarque significative, que son amie a l'air solide. Il est surpris de la voir tuer un crabe, alors qu'il la croyait douce. Puis, au déjeuner, on se moque de sa « pâleur poétique », de son silence et de son manque d'appétit. À l'inverse, celui de Vinca est excellent, ce qui laisse croire à Philippe qu'elle ne se doute de rien. Durant tout ce chapitre, il semble ainsi totalement féminisé et aliéné, jusqu'à finalement éclater en sanglots en voyant sa cousine pêcher un homard avec un crochet et préférer le laisser seul.

Chapitre XIII

Durant le repas, Philippe est toujours tourmenté, d'autant que l'heure d'aller à « Ker-Anna » approche. En se promenant avec Vinca, il lui demande si elle lui en veut d'avoir pleuré, et comprend, à sa réponse sibylline, qu'elle sait. Vinca exprime elle aussi le regret que l'enfance (temps d'insouciance), soit passée, puis lui pardonne d'avoir pleuré, et met fin à la conversation, ce qui semble être le signe de l'absolution pour Philippe.

Chapitre XIV

Alors qu'il se trouve avec Mme Dalleray, dont on apprend le prénom (Camille), Philippe lui explique qu'il part dans deux semaines, puis lui demande si elle arrangera les choses pour qu'ils puissent continuer à se voir. Sa maîtresse réfléchit alors sur leur relation ; elle a compris que ce qu'elle lui avait appris était le plus facile, et qu'elle ne pouvait le défaire de cet amour, et de l'ombre de Vinca qui rôde entre eux.

Chapitre XV

En découvrant Vinca dans une remise en train de ranger des vêtements, en vue de leur prochain départ, Philippe mesure la transformation qui s'est opérée chez elle depuis une quinzaine de jours. L'ayant rudoyée, il lui demande pourquoi elle se laisse toujours faire. La jeune fille, perspicace, lui répond ainsi : « Pendant que tu me tourmentes, dit-elle, au moins tu es là… »

Chapitre XVI

Songeant à la fin de ses vacances, Philippe songe aussi à la transformation de sa relation avec Vinca, et à la fin de sa liaison avec Mme Dalleray ; ce soir est le dernier où il pourra se rendre chez elle avant le départ. En réfléchissant à l'avant et à l'après, il constate que son impatience de grandir, au tout début de l'été, a fait place à l'indifférence et à l'ennui. Finalement un petit garçon vient vers Philippe et lui porte un message de sa maîtresse ; elle est partie le jour même, et ce n'est pas la peine de la rejoindre. Un peu perdu, le jeune homme ne sait plus ce qu'il veut, s'il est soulagé ou déçu. Il finit par croiser son père, qui lui apprend qu'il compte acheter la villa.

Au cours de la conversation, Philippe s'évanouit aux pieds de son père (sa faiblesse étant de plus en plus grande au cours du chapitre). Vinca l'emmène se promener une fois remis. C'est l'occasion pour eux de s'expliquer. Il s'avère que Vinca est au courant de tout, comme le lecteur pouvait le sentir, et, comme elle le fait remarquer, « il n'y a que les parents, pour ne rien savoir ». Comme il cherche à s'expliquer, elle l'en empêche, ne voulant rien entendre, et va même jusqu'à le frapper et le mordre. Elle finit cependant par le consoler, et ils repartent pour dîner. Durant la nuit, ne parvenant ni l'un ni l'autre à dormir, ils se promènent dehors. Vinca se fait alors séductrice et parvient à obtenir ce qu'elle veut ; elle se donne à Philippe.

Chapitre XVII

Le lendemain, Philippe est extrêmement déçu en repensant à son aventure de la veille, et aimerait pouvoir faire en sorte qu'il ne se soit rien passé ; l'expérience sexuelle semble avoir brisé leur relation, détruit la pureté de leur couple, et rabaissé leur amour. Pensant que Vinca en tire les mêmes conclusions, il l'imagine pleurant et souffrant, et pourtant il a la surprise de la voir se comporter de façon parfaitement normale, sourire et chanter. Il ne pense pas une seconde à s'en réjouir, mais reste sur sa propre déception ; « la voilà indemne » pense-t-il, mais lui ne l'est pas. Le roman s'achève sur une triste constatation : « Un peu de douleur, un peu de plaisir... Je ne lui aurais donné que cela... que cela... »

LES RAISONS DU SUCCÈS

Le Blé en herbe est publié en 1923, pendant l'entre-deux-guerres. Colette a tout juste quarante an et vient de se séparer de son mari, Henri de Jouvenel. Malgré la période de semi-libération des mœurs ; notamment en ce qui concerne la place de la femme, des ces « années folles », et de la révolution littéraire et artistique qui est en train de se produire avec des mouvements d'avant-garde, comme le Surréalisme ; le roman reste très osé pour l'époque.

Il met en effet en scène l'éveil amoureux et sexuel de deux adolescents, mais aussi la liaison trouble d'un tout jeune homme avec une femme plus âgée ; un thème cher à Colette, puisqu'elle l'avait déjà mis en scène dans un autre célèbre roman, Chéri, en 1920, auquel elle écrira une suite, *La Fin de Chéri*, en 1926 ; dans les adaptations théâtrales de *Chéri*, elle tient également le rôle de Léa. Elle expérimentera autrement cette situation dans la vie réelle, puisque la date de parution du roman coïncide avec sa liaison avec Bertrand de Jouvenel, son beau-fils de dix-sept ans. De nombreux critiques y ont donc vu, rétrospectivement, une transposition autobiographique, même si le roman est focalisé sur le personnage de Philippe, le jeune amant, et sur ses pensées, et que le personnage de Camille Dalleray est, en comparaison, moins important.

Colette n'était cependant pas la seule à aborder le thème tabou, de l'initiation sexuelle, que l'on retrouve d'une manière différente chez Proust, dont les romans *Sodome et Gomorrhe I* et *II* sont publiés entre 1922 et 1923, au moment de la mort de l'auteur. L'œuvre de Proust dépasse largement le roman de Colette dans le subversif, puisque l'initiation du personnage de Jupien est également homosexuelle, son « mentor » et amant étant le baron de Charlus.

On remarque cependant que le roman de Colette reste assez pudique, par rapport aux thèmes évoqués, l'acte sexuel étant finalement décrit de façon métaphorique. On assiste plus souvent aux débats intérieurs de Philippe, commentant l'action, qu'aux scènes d'amour elles-mêmes. Les seuls contacts avec Mme Dalleray qui nous sont décrits étant son geste de lui saisir le poignet, et celui de le prendre dans ses bras. La scène d'amour avec Vinca est également très peu descriptive, et de nouveau focalisée sur le point de vue de Philippe. Enfin, il faut prendre en compte toutes les conversations entre les personnages, qui fonctionnent par double sens, c'est pourquoi on ne peut pas vraiment parler d'une œuvre scandaleuse, d'autant que la réputation sulfureuse de Colette était déjà faite, autant que sa notoriété littéraire.

LES THÈMES PRINCIPAUX

Le Blé en herbe évoque en premier lieu, et de par son titre, un amour naissant. Ou plus exactement, un vieil amour d'enfance, platonique, qui se transforme, à l'adolescence des deux protagonistes. C'est un roman de la transition, du passage à l'âge adulte ; Vinca et Philippe passent de l'enfance à l'adolescence, et découvrent une nouvelle facette de leur amour d'enfants, qui est un consensus commun entre eux et leurs familles. Centré sur le point de vue de Philippe, le récit met en scène sa découverte de l'amour physique, à travers sa liaison avec une femme plus âgée que lui, Mme Dalleray, figure de l'initiatrice.

Mais paradoxalement, cette initiation est douloureuse pour le jeune homme. Au début du roman, il se montre impatient d'être adulte, indépendant et d'épouser sa cousine Vinca. Il ne supporte pas de devoir passer par ce moment de transition, par cet âge de l'adolescence. Il fait preuve ainsi d'une certaine puérilité, qui s'attache à l'enfance, mais aussi d'un idéalisme qui se confirmera par la suite ; ne pouvant tolérer de n'être qu'à moitié homme, il souhaiterait être adulte à part entière : « La hâte de vieillir, le mépris d'un temps où le corps et l'âme fleurissent changeaient en héros romantique cet enfant d'un petit industriel parisien. [...] – Tant d'années encore, Vinca, pendant lesquelles je ne serai qu'à peu près homme, à peu près libre, à peu près amoureux ! » (Chapitre 3). La fin du roman le montre cependant indifférent, presque abattu et sans force, après que la perte de sa virginité, auprès de sa vieille maîtresse, lui ait fait également perdre ses illusions de « héros romantique ». La douleur de voir son amour transformé et de ne pouvoir revenir au temps de l'enfance innocente est telle qu'il ne peut supporter d'imaginer cette forme d'amour avec Vinca ; « jamais » s'exclame-t-il sous les fenêtres de sa cousine alors qu'il revient de chez Mme Dalleray au milieu de la nuit. C'est cependant aller contre la volonté de la jeune fille, jalouse de cette première expérience, qu'il fera sans elle, et avec une autre qu'elle : elle parvient à le manipuler dans l'avant-dernier chapitre pour parvenir à ses fins.

La manipulation qu'exerce Vinca sur son cousin est un des indices de sa faiblesse. Alors que le début du roman le présente comme un adolescent un peu brutal et emporté, dans toute la vigueur de son jeune âge, l'expérience de l'amour semble l'affaiblir, tout au long du récit, et même le féminiser. On peut remarquer ainsi l'état de faiblesse dans lequel il se trouve durant toute la fin du roman, qui s'explique simplement par le fait qu'il ne dort pas la nuit, mais qui est aussi symbolique de la transformation qui s'est opérée en lui : son innocence était sa force, et la découverte de l'amour n'a pas été à la hauteur de ses attentes, l'a déçu et vidé de toute énergie. Les exemples de la fragilité de Philippe sont très nombreux ; on lui demande s'il se sent bien, s'il n'est pas malade, on l'appelle « petit gars », il s'angoisse, il pleure, il ne supporte pas de voir Vinca tuer un crustacé, il va même jusqu'à s'évanouir. Enfin, il se comporte en véritable caricature de héros romantique fragile et efféminé, au point que Vinca, dans sa colère, lui réplique : « C'est bon pour toi, le flacon de sels, l'eau de Cologne et tout le tremblement ! »

Ainsi, parallèlement au personnage de Philippe, se construisent deux portraits de femmes puissantes, mais opposées. La jeune Vinca, dont la force n'apparaît à son cousin qu'à la fin du roman, est le symbole d'une force enfantine, mais aussi d'une sagesse féminine ; elle est à la fois un peu sauvage, lorsqu'elle se trouve seule avec Philippe et qu'elle joue avec lui, et soumise, réservée, face à leurs parents. Car ce que Vinca découvre de son propre côté, grâce à « l'invité » du chapitre II, c'est la puissance du charme féminin, qu'elle utilise contre son cousin à la fin du roman. Son portrait est entièrement laudatif, et elle représente une vigueur saine et

LE MOUVEMENT LITTÉRAIRE

Colette n'appartient pas à proprement parler à un courant littéraire. Cette femme à la vie bien remplie a embrassé de nombreuses carrières, de celle d'artiste de music-hall, à celle de romancière et journaliste, en passant par la fabrication et la vente de produits de beauté. Le style de Colette, tout à fait particulier, est tout d'abord imprégné d'un éloge presque constant à la nature, pour laquelle l'écrivain a toujours ressenti un amour immodéré. On peut lire notamment les fameuses pages de *Sido*, célébrant le jardin et ses alentours, exploré par Colette enfant, levée à quatre heures pour sa première promenade dans les prés. Cette nature idéalisée, souvenir de ses vagabondages enfantins, mais aussi de sa mère, qui adorait son jardin, sont présents dans les décors, mais aussi dans certains personnages, et les portraits qui en sont faits. Prenons par exemple ce personnage de Vinca, décrit presque à chacune de ses apparitions, par le regard de son cousin amoureux, et qui fait figure de sauvageonne à côté de l'artificieuse Mme Dalleray, vivant dans l'obscurité fraîche de sa maison et dans l'apparat, au milieu de ses bibelots. Vinca est associée dès le premier paragraphe à une nature saine et fraîche ; ses yeux sont « couleur d'une pluie printanière », « sa jupe à carreaux […] appartenait à la crevette et aux crabes », ses jambes sont « couleur de terre cuite », etc. On peut encore remarquer l'importance des bêtes chez Colette ; il arrive souvent que les animaux deviennent les personnages principaux de ses écrits, depuis les *Dialogues de bêtes*, à *La Chatte*, en passant par *L'Enfant et les sortilèges*, auquel elle travaille avec Maurice Ravel, qui en écrit la musique, et où l'on retrouve encore ces personnages d'animaux.

Dans une perspective plus large, on remarque un certain goût pour les choses simples dans l'écriture de Colette. Son amour pour la nature, et par là, pour le naturel, y participe. Ses livres sont aussi le reflet d'une préférence pour la province, la campagne, par rapport à la ville. Un amour, explique-t-elle, qui lui vient de Sido : « Ne l'eussé-je pas tenu d'elle, qu'elle m'eût donné, je crois, l'amour de la province, si par province on n'entend pas seulement un lieu, une région éloignés de la capitale, mais un esprit de caste, une pureté obligatoire des mœurs... » C'est pourquoi on compte parfois Colette parmi les auteurs « régionalistes » du XXe siècle. Ainsi, Colette manifeste peu de goût pour les voyages, ce qui est assez paradoxal pour cette femme reporter, et traînant derrière elle une telle réputation de scandale… On sera même surpris de découvrir dans ses articles et chroniques tant de clichés sur les femmes. Colette, en effet, y donne des conseils de cuisine, de beauté, de pratique, désapprouve le style « masculinisant » de la garçonne, et s'oppose même à l'entrée en politique des femmes dans son article « les Femmes au Parlement » ; elle que l'on aurait pu croire totalement féministe n'en est plus à un paradoxe près. Son écriture va donc se tourner vers le quotidien, le souvenir, les petits riens de l'existence, qu'elle pourra continuer à observer de sa fenêtre du Palais-Royal, lorsqu'elle ne pourra plus se déplacer, à la fin de sa vie. Outre ses articles, on peut remarquer que les formes de prédilection de Colette sont toujours brèves, y compris dans la fiction ; dialogues, nouvelles, ou même textes très courts, comme dans *La Femme cachée* ou *Les Vrilles de la Vigne*, on ne pourra jamais trouver un roman de Colette s'étalant sur plus de cent cinquante pages... Il y a donc un choix évident de la brièveté, mais aussi de la densité, de la concision, car l'intrigue n'en est pas moins complexe ni pointue.

Enfin il y a chez cet écrivain, une profonde inspiration dans l'univers des sens ; la vue, en particulier, mais aussi les odeurs et les goûts, encore plus que le toucher et l'ouïe. On peut penser à son goût pour la musicalité des mots et en particulier des noms (le « presbytère » dans un célèbre extrait de *La Maison de Claudine*), mais aussi pour la nourriture. Colette était réputée pour être un fin gourmet, au point que Marie-Christine et Didier Clément, deux spécialistes, lui ont consacré une biographie gastronomique (*Colette gourmande*), jointe aux recettes personnelles de la romancière. Cette écriture est donc extrêmement sensitive, pleine d'impressions et de synesthésies, et l'on peut citer pour exemple cet extrait des *Vrilles de la Vigne* : « Une nuit de printemps, le rossignol dormait debout sur un jeune sarment, le jabot en boule et la tête inclinée, comme avec un gracieux torticolis. Pendant son sommeil les cornes de la vigne, ces vrilles cassantes et tenaces, dont l'acidité d'oseille fraîche irrite et désaltère, ces vrilles de la vigne poussèrent si drues, cette nuit-là, que le rossignol s'éveilla ligoté, les pattes empêtrées de liens fourchus, les ailes impuissantes… »

DANS LA MÊME COLLECTION
(par ordre alphabétique)

- **Anonyme**, *La Farce de Maître Pathelin*
- **Anouilh**, *Antigone*
- **Aragon**, *Aurélien*
- **Aragon**, *Le Paysan de Paris*
- **Austen**, *Raison et Sentiments*
- **Balzac**, *Illusions perdues*
- **Balzac**, *La Femme de trente ans*
- **Balzac**, *Le Colonel Chabert*
- **Balzac**, *Le Lys dans la vallée*
- **Balzac**, *Le Père Goriot*
- **Barbey d'Aurevilly**, *L'Ensorcelée*
- **Barbey d'Aurevilly**, *Les Diaboliques*
- **Bataille**, *Ma mère*
- **Baudelaire**, *Les Fleurs du Mal*
- **Baudelaire**, *Petits poèmes en prose*
- **Beaumarchais**, *Le Barbier de Séville*
- **Beaumarchais**, *Le Mariage de Figaro*
- **Beauvoir**, *Mémoires d'une jeune fille rangée*
- **Beckett**, *En attendant Godot*
- **Beckett**, *Fin de partie*
- **Brecht**, *La Noce*
- **Brecht**, *La Résistible ascension d'Arturo Ui*
- **Brecht**, *Mère Courage et ses enfants*
- **Breton**, *Nadja*
- **Brontë**, *Jane Eyre*
- **Camus**, *L'Étranger*
- **Carroll**, *Alice au pays des merveilles*
- **Céline**, *Mort à crédit*

- **Céline**, *Voyage au bout de la nuit*
- **Chateaubriand**, *Atala*
- **Chateaubriand**, *René*
- **Chrétien de Troyes**, *Perceval*
- **Cocteau**, *La Machine infernale*
- **Cocteau**, *Les Enfants terribles*
- **Corneille**, *Le Cid*
- **Crébillon fils**, *Les Égarements du cœur et de l'esprit*
- **Defoe**, *Robinson Crusoé*
- **Dickens**, *Oliver Twist*
- **Du Bellay**, *Les Regrets*
- **Dumas**, *Henri III et sa cour*
- **Duras**, *L'Amant*
- **Duras**, *La Pluie d'été*
- **Duras**, *Un barrage contre le Pacifique*
- **Flaubert**, *Bouvard et Pécuchet*
- **Flaubert**, *L'Éducation sentimentale*
- **Flaubert**, *Madame Bovary*
- **Flaubert**, *Salammbô*
- **Gary**, *La Vie devant soi*
- **Giraudoux**, *Électre*
- **Giraudoux**, *La Guerre de Troie n'aura pas lieu*
- **Gogol**, *Le Mariage*
- **Homère**, *L'Odyssée*
- **Hugo**, *Hernani*
- **Hugo**, *Les Misérables*
- **Hugo**, *Notre-Dame de Paris*
- **Huxley**, *Le Meilleur des mondes*
- **Jaccottet**, *À la lumière d'hiver*
- **James**, *Une vie à Londres*
- **Jarry**, *Ubu roi*
- **Kafka**, *La Métamorphose*
- **Kerouac**, *Sur la route*

- **Kessel**, *Le Lion*
- **La Fayette**, *La Princesse de Clèves*
- **Le Clézio**, *Mondo et autres histoires*
- **Levi**, *Si c'est un homme*
- **London**, *Croc-Blanc*
- **London**, *L'Appel de la forêt*
- **Maupassant**, *Boule de suif*
- **Maupassant**, *Le Horla*
- **Maupassant**, *Une vie*
- **Molière**, *Amphitryon*
- **Molière**, *Dom Juan*
- **Molière**, *L'Avare*
- **Molière**, *Le Malade imaginaire*
- **Molière**, *Le Tartuffe*
- **Molière**, *Les Fourberies de Scapin*
- **Musset**, *Les Caprices de Marianne*
- **Musset**, *Lorenzaccio*
- **Musset**, *On ne badine pas avec l'amour*
- **Perec**, *La Disparition*
- **Perec**, *Les Choses*
- **Perrault**, *Contes*
- **Prévert**, *Paroles*
- **Prévost**, *Manon Lescaut*
- **Proust**, *À l'ombre des jeunes filles en fleurs*
- **Proust**, *Albertine disparue*
- **Proust**, *Du côté de chez Swann*
- **Proust**, *Le Côté de Guermantes*
- **Proust**, *Le Temps retrouvé*
- **Proust**, *Sodome et Gomorrhe*
- **Proust**, *Un amour de Swann*
- **Queneau**, *Exercices de style*
- **Quignard**, *Tous les matins du monde*
- **Rabelais**, *Gargantua*

- **Rabelais**, *Pantagruel*
- **Racine**, *Andromaque*
- **Racine**, *Bérénice*
- **Racine**, *Britannicus*
- **Racine**, *Phèdre*
- **Renard**, *Poil de carotte*
- **Rimbaud**, *Une saison en enfer*
- **Sagan**, *Bonjour tristesse*
- **Saint-Exupéry**, *Le Petit Prince*
- **Sarraute**, *Enfance*
- **Sarraute**, *Tropismes*
- **Sartre**, *Huis clos*
- **Sartre**, *La Nausée*
- **Senghor**, *La Belle histoire de Leuk-le-lièvre*
- **Shakespeare**, *Roméo et Juliette*
- **Steinbeck**, *Les Raisins de la colère*
- **Stendhal**, *La Chartreuse de Parme*
- **Stendhal**, *Le Rouge et le Noir*
- **Verlaine**, *Romances sans paroles*
- **Verne**, *Une ville flottante*
- **Verne**, *Voyage au centre de la Terre*
- **Vian**, *J'irai cracher sur vos tombes*
- **Vian**, *L'Arrache-cœur*
- **Vian**, *L'Écume des jours*
- **Voltaire**, *Candide*
- **Voltaire**, *Micromégas*
- **Zola**, *Au Bonheur des Dames*
- **Zola**, *Germinal*
- **Zola**, *L'Argent*
- **Zola**, *L'Assommoir*
- **Zola**, *La Bête humaine*
- **Zola**, *Nana*
- **Zola**, *Pot-Bouille*

Eveline Pawlich

Frankenstein gratuliert

Groteske Komödie in 20 Szenen

FSC
www.fsc.org
MIX
Papier aus verantwortungsvollen Quellen
Paper from responsible sources
FSC® C105338

Die Deutsche Nationalbibliothek verzeichnet diese Publikation in der Deutschen Nationalbibliografie, detaillierte bibliografische Daten sind im Internet über http//dnb.de abrufbar.

Fotos: Eveline Pawlich
Satz und Layout: Eveline Pawlich
Umschlaggestaltung: BoD
Herstellung und Verlag: BoD - Books on Demand, Norderstedt
Erste Auflage: 2020
ISBN 9783750418516

Frankenstein gratuliert

PERSONEN

Viktoria, genannt Vikki –
Chirurgin an einer Privatklinik
Oskar, Vikkis Vater –
Arzt an derselben Klinik
Manfred, Vikkis geschiedener Mann –
Journalist
Alwin, Vikkis und Oskars Sohn –
erlernt das Harfenspiel
Lars, Vikkis Liebhaber –
Idealist
Herr Caspar, Lars' Vater –
Standuhrlieferant

Es treten nicht auf:

Mutter -
Sie ist eigentlich tot.
Beate Jaspers -
Sie ist definitiv tot.
Claudia –
Sie hat Migräne.
Carla, Silia und Miriam –
Sie sind anderweitig beschäftigt.
Frau Albrecht, Putzfrau –
Sie hat ihren freien Tag.

ERSTE SZENE

Unwirklich erscheinendes Zimmer am Morgen. Eine Treppe vor der hinteren Wand führt in die oberen Räume, eine Tür links zu Küche und Bibliothek, eine Tür rechts zum Flur. Im Raum sind brennende Kerzen verteilt. VIKTORIA, vierzig, liegt wie aufgebahrt - sehr malerisch - auf der Récamière, die auf der rechten Seite mitten im Raum steht. Sie wird fast gänzlich von einem weißen Chiffonschal überdeckt, der auch eine achtlos auf der Récamière abgelegte kleine Handtasche verdeckt. Im Dämmerlicht des Zimmers befinden sich links zwei Designersessel, zwischen ihnen ein Beistelltischchen. An der rechten Seite steht ein Vertiko, auf dem sich ein Telefon, Champagnerflaschen und Gläser, ein schwarz eingeschlagenes Päckchen sowie stapelweise Röntgenbilder befinden.

Lauter HAPPY-BIRTHDAY-GESANG *von Männerstimmen aus dem Off. VIKTORIA erhebt sich, streckt sich katzenhaft, präsentiert sich selbstbewusst. Ihr locker geschnittener, weißer Hosenanzug aus einem fließenden Stoff unterstreicht ihre elegante Erscheinung. Über Lautsprecher hört man Flüstern:* DAS SCHNEEHUHN WAR EINES METZGERS TOCHTER. *Es wechselt sich ab mit dem Gesang aus dem Off, überdeckt diesen schließlich.*

ZWEITE SZENE

MANFRED, Viktorias Ex-Ehemann, ihr Vater OSKAR, ihr pubertierender Sohn ALWIN und ihr junger Liebhaber LARS erscheinen, weiterhin singend. MANFRED ist Mitte vierzig, ausgewachsene Frisur, Drei-Tage-Bart. Er trägt ein ungepflegtes, aber teures Jackett und Jeans, was erkennen lässt, dass er zwar wenig Wert auf Äußerlichkeiten legt, sich aber an teure Kleidung gewöhnt hat. OSKAR, eine gut aussehende, sportliche Erscheinung, trägt einen Designer-Anzug teurer Qualität. Sein Gebaren ist das eines im Hintergrund ruhig abwartenden Platzhirsches, wenn er selbst nicht gerade agiert. ALWIN ist von schwächlicher Gestalt und ein wenig kurzatmig. Als verwöhntes Einzelkind verhält er sich manchmal etwas infantil, zuweilen auch auffallend tuntig. Seine Kleidung besteht aus sorgfältig ausgewählter Hose und Hemd, das Haar ist geföhnt. Er trägt eine Torte mit der goldenen Pappzahl 40 darauf. LARS verkörpert einen eher unauffälligen, doch sympathischen und wendigen Typ. Er ist in Schwarz gekleidet. Die Szene sollte streckenweise operettenhaft kitschig angelegt werden.

OSKAR Ganz, ganz herzlichen Glückwunsch, meine Liebe! Was hast du all die Jahre lang geleistet! Zuverlässig zur Forschung beigetragen, tapfer Verantwortung übernommen! Und auf einmal bist du vierzig. Auf dem Höhepunkt sozusagen. Ich wusste es schon immer: Du wirst mich nie enttäuschen! Und dabei bist du sogar noch schöner geworden. Viktoria, mein Kind, ich liebe dich! *Er umarmt die strahlende Vikki.* Alles an dir ist mir so vertraut. Wie ich sie liebe, diese kleinen Fältchen hier! *Küsst sie auf das Gesicht.* ...oder diese... *Küsst sie auf den Hals.* ...oder diese. Die hattest du übrigens schon immer... *Wendet sich dabei jeweils dem entsprechenden Körperteil zu, während Vikki mädchenhaft kichert.*

VIKKI *gespielt aufkreischend:* Oskar!

MANFRED *zu Oskar:* Lass es endlich gut sein, Oskar! Sie wird sich früher oder später ohnehin liften lassen. *Drängt Oskar von Vikki weg zur Récamière. Öffnet eine der Champagnerflaschen, die auf dem Vertiko stehen, nimmt ein Glas und gießt ein.* Skol! *Trinkt in einem Zug das Glas fast leer.*

VIKTORIA *gereizt:* Manfred!

MANFRED Nicht schon wieder, Vikki! Dein Blick lässt Männerschwänze glatt erfrieren.

VIKTORIA Also bitte! Nimm dich einmal zusammen!

MANFRED Wieso? Ist es euch nicht recht, wenn ich betrunken bin?

VIKTORIA Wir bekommen Gäste.

MANFRED *schenkt sich nach:* Hör endlich mal auf, mich zu maßregeln, Sweetheart! *Trinkt demonstrativ das Glas halb leer.*

VIKTORIA Glaub mir, ich wäre höchst erfreut, wenn ich das einmal nicht müsste.

MANFRED Du musst es nicht. Ich weiß mich zu benehmen. Und ich verspreche dir: Ich werde heute Abend nicht ins Bidet pinkeln, auch werde ich nicht ins Waschbecken kotzen, die Katze nicht schwängern und - ich werde den ganzen Tag mein Jackett anbehalten, wo du doch Geburtstag hast. Sogar ein Geschenk habe ich für dich.

VIKTORIA *seufzend:* Ach Manfred, wenigstens zuverlässig. *Reicht ihm selbstherrlich die Wange zum Kuss.*

MANFRED Und du, du hast mich schon immer unterschätzt. *Küsst sie auf den Mund.*

VIKTORIA Was ist es?

ALWIN *drängt sich dazwischen. Er hat die Torte auf das Vertiko gestellt, deutet auf sie:* Von Oskar! *Grient:* Die Zahl ist von mir. Bist aber trotzdem noch 'ne tolle Frau. Eigentlich zu schade für 'ne Mutter.

VIKTORIA Was ein Kompliment, Alwin! Und du bist ein recht gut gebauter Junge. *Umarmt ihn.* Eigentlich auch viel zu schade für einen Sohn.

MANFRED *hat mit Glas und Flasche auf einem der Sessel Platz genommen:* Skol!

ALWIN *macht sich los:* Entschuldige, du weißt ja, mein Musikunterricht.

VIKTORIA Hast du geübt?

ALWIN Natürlich.

VIKTORIA Ach, könntest du den Rehbraten für den Brunch mitbringen, wenn du zurückkommst? Ich hatte ihn beim Metzger bestellt. Wie ich den kenne, hat er das Tier bestimmt schon neulich ausgeweidet und geteilt. So konnte er das Fleisch rechtzeitig für heute zubereiten

ALWIN Der Metzger liegt diesmal nicht auf meinem Weg.

VIKTORIA Macht nichts, Liebes. Vergiss es einfach!

ALWIN setzt sich eine Sonnenbrille auf und geht, ihr operettenhaft eine Kusshand zuwerfend.

LARS *operettenhaft mit ausgebreiteten Armen aus der Richtung auf Viktoria zugehend, in die Alwin verschwindet:* Vikki, ich lege dir mein Herz zu Füßen - für immer und in Ewigkeit! *Will sie umarmen.*

MANFRED Amen!

VIKKI *hält ihn spielerisch auf Distanz:* Ja - und?

LARS Was?

VIKKI *tändelnd:* So tu es doch!

LARS Was?

VIKKI Na, mir zu Füßen...

LARS sieht sie erstaunt an.

OSKAR Also los doch!

MANFRED Auf die Erde mit dir, du kleiner Bock! - Skol! Denn das ist es, was sie wirklich will.

LARS noch immer irritiert, fällt dann aber doch auf die Knie, verharrt in dieser etwas unbequemen Position: Gut so, Geliebte? *VIKKI wartet einen Augenblick, die Situation genießend, zieht ihn dann zu sich hoch. Beide umarmen sich. LARS fasst in seine Jackettasche und*

überreicht Vikki ein kleines Päckchen. Für dich! Mach es auf! Es ist für deine Sammlung.

VIKKI *öffnet das Päckchen, wickelt ein goldenes Einhorn aus:* Oh, wie reizend, Lars! Noch nie habe ich ein so schönes Geschenk bekommen. Du bist einfach wundervoll!

MANFRED *hinzutretend:* Zeig mal! *Nimmt Vikki das Einhorn aus der Hand.* Ist wohl nicht dein Ernst?

VIKKI Wieso?

MANFRED Bist du blind? Das Einhorn habe ich dir zu unserem siebenten Hochzeitstag geschenkt.

LARS Quatsch!

VIKKI Quatsch!

LARS Diese kleine Figur habe ich vor zwei Wochen selbst besorgt.

VIKKI *zu Manfred:* Na, siehst du!

MANFRED Du bist noch immer genauso blöd wie früher.

LARS *beschützerhaft:* Wie sprichst du denn mit Vikki? Abgesehen davon, dass du mir damit etwas völlig Abwegiges unterstellst.

MANFRED Ich unterstelle dir gar nichts. Oskar, du warst doch dabei, als ich die Figur damals für Vikki gekauft habe!

OSKAR Mich darfst du nicht fragen.

VIKKI Siehst du! *Begütigend:* Das zeigt uns nur, dass ihr den gleichen Geschmack habt. Und deshalb liebe ich euch ja auch beide. *Nimmt Manfred das Einhorn aus der Hand und stellt es auf das Vertiko.*

LARS und MANFRED *im Chor seufzend und versöhnt:* Wir dich auch

VIKKI *nimmt die restlichen Gläser, gibt jedem bis auf Manfred ein Glas, der sein inzwischen wieder leeres noch immer in der Hand hält, gießt Champagner ein. Manfred allerdings nur wenig:* Auf unser aller Wohl!

OSKAR *aufstehend:* Und auf ein langes und erfülltes Leben!

LARS Wie grotesk!

MANFRED Weißt du überhaupt, was grotesk ist?

LARS Der Schlaf der Vernunft, der das Ungeheuer gebiert.

OSKAR Schwachsinn!

LARS Goya.

OSKAR Kinder, lasst uns jetzt doch einfach das Leben genießen! Vikki, gieß noch mal ein!

VIKKI gießt nach. Stoppt bei Manfred, der ihr die Flasche aus der Hand nimmt und sich selbst einschenkt. LARS und MANFRED stoßen an. MANFRED trinkt in einem Zug fast aus. Das Telefon, das auf dem Vertiko steht, klingelt.

VIKKI *zum Telefon gehend:* Ich gehe. Ist sowieso für mich. *Nimmt das Phone aus dem Lader:* Dr. Behrenfeld-Blum... Ah, du bist's... Hm... *Verstimmt:* Versteh ich schon...

OSKAR *operettenhaft zuprostend:* So jung kommen wir nie wieder zusammen!

MANFRED Viel Glück, mein Schatz! Du wirst es brauchen.

LARS *Vikki zuprostend:* Zum Wiegenfeste für unsere Zukunft das Allerbeste, meine geliebte Vikki!

OSKAR Vivat, auf das Leben!

MANFRED Oskar hat recht. Ihr solltet die Zeit genießen, solange sie noch bleibt! *Trinkt.* Da fällt mir ein, ich muss kurz in die Redaktion.

Vikki *empört:* Ach, du musst weg?

MANFRED Tut mir leid, Vikki! Ich bring dann gleich mein Geschenk für dich mit.

VIKKI Und, was ist es nun?

MANFRED Überraschung.

VIKKI Gib mir wenigstens mal einen Tipp!

MANFRED *ihren Einwurf nicht beachtend:* Im übrigen: Wenn du willst, kann ich auf dem Rückweg beim Metzger vorbeigehen und den Rehbraten abholen.

VIKKI Lieb von dir. Aber wolltest du mir nicht einen Tipp geben?

MANFRED Davon habe ich nichts gesagt.

LARS *zu Manfred:* Nimmst du mich mit?

VIKKI *enttäuscht:* Was, du gehst auch?

LARS Das weißt du doch: die Beerdigung meiner Schwester.

VIKKI Muss das sein, ausgerechnet heute? Du hast dich nie um sie gekümmert.

LARS Stimmt. Ich weiß viel zu wenig von ihr, im Grunde gar nichts. Und vielleicht sollte ich sogar froh darüber sein. Weißt du, wir hatten uns nie viel bedeutet. Seit ihrer Scheidung hatten wir uns nicht ein einziges Mal gesehen. Aber sei beruhigt: Ich bin so schnell wie möglich wieder hier, auf jeden Fall noch vor dem Essen. *VIKKI will ihn aus dem Zimmer begleiten.* Lass nur, ich habe meinen Schlüssel dabei.

MANFRED Ich meinen auch.

OSKAR Musst nicht traurig sein, mein Kleines. Ich bleibe.

LARS und MANFRED gehen rechts hinaus. VIKKI setzt sich zu OSKAR, der inzwischen wieder auf der Récamière Platz genommen hat. Er umarmt sie.

VIKKI *sich an ihn kuschelnd:* Ach, Oskar!

DRITTE SZENE

VIKKI und OSKAR sitzen noch immer aneinander gekuschelt auf der Récamière.

VIKKI Oskar, sei ein Schatz und blas die Kerzen aus, ja?

OSKAR Natürlich, mein Liebes. Aber möchtest du das nicht besser selbst tun?

VIKKI *räkelt sich:* Ich sitze gerade so bequem.

OSKAR Willst du dir nichts wünschen?

VIKKI Sei nicht albern, Oskar!

OSKAR Gar nichts?

VIKKI Warum sollte ich? Ich habe alles.

OSKAR *beginnt die Kerzen auszublasen:* Aha!

VIKKI Ja! Ab nächstem Monat sogar die Oberarztstelle an der Uniklinik. Was sagst du jetzt?

OSKAR unterbricht seine Tätigkeit.

VIKKI Ist das nicht toll? Viel früher, als ich damit gerechnet habe. Eigentlich wollte ich dich überraschen. Freust du dich? Steh doch nicht wie angewurzelt da! Du freust dich gar nicht richtig.

OSKAR Natürlich freue ich mich, Vikki. Aber...

VIKKI Was? Weshalb ziehst du denn dann so ein Gesicht?

OSKAR Vikki, die Versuche sind noch längst nicht abgeschlossen. Forschung ist teuer, wie du weißt. Wir brauchen also viel mehr Spender. Und die Konkurrenz, sie schläft nicht.

VIKKI Das weiß ich doch.

OSKAR An einer Privatklinik ist so was leicht, aber du dann an der Uniklinik... Wir haben immer Hand in Hand gearbeitet. Doch jetzt?

VIKKI Mach kein solches Drama draus! Es findet sich ein Weg. Einen normalen Exitus letalis kann schließlich auch jeder beliebige im Krankenhaus bestätigen.

OSKAR Glaubst du das wirklich? Und was ist mit unserer Forschung? Ohne die Ergebnisse wärst du ein Nichts. Vergiss das nicht!

VIKKI Natürlich, Oskar, das weiß ich. Aber blas doch jetzt erst mal die Kerzen aus! - Oskar, es ist nicht meine Schuld, dass du für Leitungsstellen nicht in Frage kommst.

OSKAR *gereizt:* Du musst mich nicht daran erinnern. Das ist auch nicht der Punkt. *Wieder versöhnlich:* Ich freue mich für dich. Das weißt du. *Bläst einige Kerzen aus.*

VIKKI *schmiegt sich an ihn:* Ehrlich? Und du bist nicht böse?

OSKAR Warum sollte ich?

VIKKI Na, weil ich die Stelle bekomme und manches dadurch schwieriger werden könnte.

OSKAR Ach, meine Kleine. *Bläst die restlichen Kerzen aus.*

STANDUHRLIEFERANT, *ein hagerer, doch drahtiger Mann in Oskars Alter platzt herein in Blaumann und schwarzen Schuhen. Er trägt keuchend und äußerst vorsichtig eine Standuhr mit einem nicht einsehbaren Uhrenkasten, setzt sie mitten im Zimmer ab:* Die Tür war offen. Ich soll sie hier abliefern.

VIKKI *überschwänglich Oskar umarmend:* Oh, Oskar! Die ist ja wundervoll! Hab vielen, vielen Dank!

OSKAR *irritiert:* Die ist nicht von mir.

VIKKI Nein?

OSKAR Wenn ich es dir sage.

LIEFERANT Wo soll sie hin?

OSKAR und VIKKI sehen sich ratlos an.

LIEFERANT Wohin denn nun?

OSKAR *auf die linke Seite neben die Tür zeigend:* Dorthin!

LIEFERANT Wohin?

OSKAR *auf den gleichen Platz zeigend:* Dorthin!

VIKKI Und sie ist wirklich nicht von dir, Oskar?

OSKAR Ich hab es doch gesagt.

VIKKI, *als die Standuhr nach umständlichem Bemühen des Lieferanten steht:* Unmöglich! Absolut unmöglich! Stellen Sie sie neben die Treppe dort drüben! - Nein! Nicht! Auf die andere Seite! - Ja! Lassen Sie, so geht's!

LIEFERANT bemüht sich weiterhin sehr langsam und vorsichtig, den Anweisungen nachzukommen.

VIKKI Von wem ist sie?

LIEFERANT Keine Ahnung!

VIKKI Haben Sie einen Lieferschein? - Ach, stellen Sie die Uhr doch dorthin! *Zeigt auf den ersten Platz auf der linken Seite. Lässt den Lieferanten aber noch nicht loslaufen.* Warten Sie! Erst den Lieferschein! *Nimmt den ihr gereichten Lieferschein, liest:* Komisch! Tatsächlich. Kein Absender.

OSKAR Ist sie überhaupt für dich?

VIKKI Eindeutig. Steht mein Name drauf: Dr. Viktoria Behrenfeld-Blum, und diese Adresse. - Sie kann nur von Manfred sein.

OSKAR Glaub ich nicht.

VIKKI *zum Lieferanten, der noch immer vor ihr steht:* Wer hat Ihnen denn den Auftrag erteilt? - Ein großer dunkelhaariger Mann mittleren Alters?

LIEFERANT Weiß ich nicht.

VIKKI Wieso? Sie haben doch den Auftrag angenommen?

LIEFERANT Ja.

VIKKI Persönlich?

LIEFERANT Sicher.

VIKKI Drei-Tage-Bart, selten gepflegte Kleidung.

LIEFERANT zuckt mit den Schultern.

VIKKI Haben Sie ihn denn nicht gesehen?

LIEFERANT *schüttelt den Kopf:* Nein!

VIKKI Wie das? Wenn Sie den Auftrag persönlich angenommen haben, müssen Sie ihn doch gesehen haben.

LIEFERANT Hab ich nicht.

VIKKI Wieso?

LIEFERANT Ich bin blind. *Hebt die Uhr wieder an, um dem zuvor erteilten Auftrag nachzukommen.*

VIKKI Oh -, dann lassen Sie mal lieber! *Legt den Lieferschein auf den Tisch. Nimmt ein Trinkgeld aus einem Portemonnaie, das sie aus ihrer Tasche holt, und gibt es dem Lieferanten, der die Uhr umständlich mit ihrer Hilfe wieder an den alten Platz gerückt hat.* Hier entlang! *Bringt ihn hinaus.*

FÜNFTE SZENE

VIKKI *ist zurückgekehrt:* Eine wundervolle Uhr! Findest Du nicht auch, Oskar?

OSKAR Ja, mein Liebes, aber steht sie dort nicht wirklich etwas ungünstig?

VIKKI Meinst du? – Hälst du es wirklich für ausgeschlossen, dass sie von Manfred ist? Schließlich hat er sein Geschenk schon angekündigt.

OSKAR Das ist nicht seine Größenordnung.

VIKKI Dann ist sie sicher von Alwin.

OSKAR Wie kommst du denn darauf? Alwin hat nie Geld.

VIKKI Wieso? Ich habe neulich erst sein Taschengeld erhöht.

OSKAR Und danach hat er mich schon wieder angepumpt...

VIKKI Na, siehst du!

OSKAR ...um sich "Was-weiß-ich" zu kaufen.

VIKKI Ach Oskar, lass ihm seine Freuden! Er hat doch sonst nichts und er ist so ein liebenswerter Junge.

Sucht aus dem Stapel auf dem Vertiko ein Röntgenbild heraus, betrachtet es. Schau mal, die Aufnahme habe ich erst neulich von ihm machen lassen! Ich würde alles für ihn tun. Du weißt, er ist mein Leben. Und er hat noch zwei so wundervolle Nieren.

OSKAR Zeig her! *Betrachtet das Röntgenbild.* Hm, die Aufnahme trifft ihn gut. Vielleicht ein bisschen unscharf. Und die Perspektive schönt etwas.

VIKKI Wie kannst du so etwas nur sagen? Das Bild ist vollkommen realistisch.

OSKAR Du siehst ihn mit den Augen einer Mutter. *Betrachtet noch einmal das Röntgenbild.* Aber vielleicht hast du ja recht. Die Nieren sind in der Tat ganz vielversprechend.

VIKKI Na siehst du, jetzt bist du beruhigt und freust dich mit mir, nicht wahr?

OSKAR Aber natürlich. Ich bin stolz auf dich, mein Schatz. Nichts wird uns aufhalten.

VIKKI *gehorsam:* Natürlich.

Telefonklingeln.

VIKKI *hebt ab:* ... Ja... Ich weiß...

OSKAR Wer war's?

VIKKI Mutter.

OSKAR Bist du verrückt! Sie ist seit neun Jahren tot.

VIKKI Dann eben nicht.

OSKAR Was wollte diese Person?

VIKKI Was weiß ich.

OSKAR Was hat sie gesagt?

VIKKI Ich soll mich endlich einmal von dir lösen.

OSKAR Sie war's. Sie hatte immer versucht, dich mir zu entfremden. Schon als du ein Kind warst, hielt sie dich von mir fern. Denk an das Theater, das sie immer machte, wenn wir etwas gemeinsam unternahmen!

VIKKI Wir hätten sie eben mitspielen lassen sollen.

OSKAR Dazu war sie zu wenig kreativ. Auch fehlte es ihr an Ehrgeiz.

VIKKI Auf jeden Fall hättest du sie damals lieber in die Besenkammer und nicht in den Kleiderschrank sperren sollen. Der Geruch von Mottenkugeln macht Menschen depressiv.

OSKAR Oh, das hatte ich nicht bedacht.

VIKKI Meinst du, dort würde die Uhr besser stehen? *Deutet auf die linke Wand.*

OSKAR Vielleicht. Ein merkwürdiges Geschenk. Aber dass ich es nicht vergesse: Ich habe natürlich auch ein Geschenk für dich, mein Schatz. *Holt das Päckchen vom Vertiko und überreicht es Vikki.*

VIKKI Oskar, wie extraordinär, schon allein die Verpackung! *Sie küsst Oskar.* Vielen lieben Dank! *Wickelt das Päckchen aus. Hält einen Totenschädel in der Hand, den sie in alle Richtungen dreht und betrachtet. Sachlich:* Schön. Ein echter. Weißt du, wie lange ich mir so einen gewünscht habe? Damals zum Abitur schon, dann zum Examen, und dann zur Approbation, aber ich habe ihn nie bekommen.

OSKAR *strahlt gönnerhaft:* Na, siehst du! Nun wirst du Oberärztin und bekommst ihn.

VIKKI Jetzt brauche ich ihn nicht mehr.

OSKAR Warum das denn, Kind?

VIKKI Ich habe mir schon vor Jahren selbst einen gekauft.

OSKAR Dann hast du eben zwei. Sie sind dekorativ. Einen kannst du auf den Schreibtisch stellen, den anderen vielleicht aufs Fensterbrett zwischen die Kakteen. Oder auch auf den Badewannenrand neben die Seife, wenn dir das besser gefällt.

VIKKI Ich will ihn gar nicht. Hast du nicht gehört? Ich habe einen.

OSKAR *nimmt ihr den Schädel aus der Hand:* Dann gib ihn eben wieder her! Armer Yorrick! So sieht einmal das Ende aus. *Packt den Schädel wieder ein und legt ihn auf das Vertiko.*

VIKKI Alter Bildungsbürger! Aus Eitelkeit würdest du mir selbst deinen Schädel vermachen - oder wohl doch lieber noch dem medizinischen Museum, nicht wahr?

OSKAR Ich würde dir alles schenken - auch meinen Schädel. Habe ich dir nicht jeden Wunsch erfüllt, mein Kleines? Natürlich nicht immer sofort. Das ging nicht.

VIKKI Deine Frage sollte wohl eher lauten: Hast du dir nicht jeden Wunsch erfüllt? Mein Wunsch war es jedenfalls nie, mit dir zu schlafen, Vater!

OSKAR Warum hast du es denn dann getan?

VIKKI Es war mir damals lieber, du schläfst mit mir als mit deinen Weibern aus dem Krankenhaus. Das hätte Mutter noch viel früher umgebracht. Du weißt, wie sehr sie dein Verhalten kränkte.

OSKAR Ruft sie dich deshalb an, diese kleinkarierte, intolerante, beschränkte alte Spießerin? Als ob sie mir nicht schon zu Lebzeiten genug Ärger gemacht hätte.

VIKKI Sie hatte ein Recht dazu.

OSKAR Was für ein Recht? Dumm war sie. Hätte sie damals nachgedacht, dann wäre ich heute schon längst Chefarzt. Aber nein, sie musste ja aus lauter Eifersucht im Krankenhaus auftauchen.

VIKKI Sei zufrieden, dass du nicht gleich rausgeflogen bist. Das hattest du nur mir und Manfred zu verdanken.

Telefonklingeln.

OSKAR Ich geh ran! – Behrenfeld... *Legt das Phone zurück.*

VIKKI Wer war's?

OSKAR Falsch verbunden.

VIKKI *hält das Päckchen mit dem Totenschädel noch einmal in der Hand. Versonnen:* Meinst du, dass Alwin mir später einmal Blumen bringen wird? Ich meine, irgendwann, später einmal, auf mein Grab, weißt du?

OSKAR Ich bezweifle, dass er je Geld dafür haben wird. Außerdem dürfte es ja mehr als unwahrscheinlich sein, dass er dich überlebt.

VIKKI Da bin ich mir manchmal nicht so sicher. Der Rest seiner Leber ist wirklich erstaunlich, ich meine erfreulich, widerstandsfähig. Vielleicht...

OSKAR Ich muss schon sagen: Dein neuer Bettgespiele hat keinen guten Einfluss auf dich, mein Kind.

VIKKI *nachdenklich:* Glaubst du denn nicht, dass der Junge mir irgendwann einmal böse sein könnte, ich meine, dann, wenn ich ihm eines Tages nichts mehr erklären kann, also dann, wenn ich tot bin.

OSKAR Quatsch! Was weiß er denn? Und jetzt hör auf damit! Du hast Geburtstag, und du bist quicklebendig.

VIKKI Ja, natürlich. Du hast ja recht. Außerdem hätte Alwin mit Sicherheit Verständnis für die Wissenschaft. Nicht umsonst habe ich bei seiner Erziehung stets konsequent darauf geachtet.

OSKAR Also deshalb musste er sein totes Meerschweinchen sezieren, als er acht war? Ich hatte das damals nie verstanden, wo Alwin doch so tierlieb ist.

VIKKI Genau das war's. Jetzt weiß er, wie wichtig unsere Arbeit ist und respektiert ihre Methoden.

OSKAR Du bist so klug, mein Kind. Ich wusste immer, dass du nicht nach deiner Mutter kommst.

SECHSTE SZENE

Klingeln. VIKKI geht nach rechts ab, um die Tür zu öffnen. Erscheint zusammen mit dem Standuhrlieferanten, der einige Karten und Briefe in der Hand hält. OSKAR wickelt derweil den Schädel aus und spielt mit ihm.

LIEFERANT *gibt Vikki die Karten und Briefe:* Die hat mir der Postbote in die Hand gedrückt. Aber eigentlich komme ich, weil ich den Lieferschein vergessen habe.

VIKKI *nimmt den Lieferschein vom Tisch und überreicht ihn dem Lieferanten:* Hier! Bitte!

LIEFERANT Haben Sie ihn unterschrieben?

VIKKI Mach ich sofort. *Unterschreibt und reicht ihn dem Lieferanten nochmals.* So - sehen Sie! Oh, Entschuldigung! Wie taktlos!

LIEFERANT Na, steht sie denn jetzt richtig?

VIKKI Ja. - Nein. - Ich weiß nicht. Oskar, was meinst du?

OSKAR *deutet auf die linke Zimmerecke:* Ich würde sie dorthin stellen.

VIKKI Stellen Sie sie dorthin! - Warten Sie! Ich helfe Ihnen. *Fasst ihn dabei an Arm und Schulter und dirigiert ihn.*

LIEFERANT *bringt die Standuhr vorsichtig an den gewünschten Ort. Verliert dabei unbemerkt den linken seiner zu weiten Schuhe, der hinter die Uhr rutscht:* Gut so?

VIKKI Ja, danke schön!

LIEFERANT Dann kann ich ja gehen.

VIKKI *begleitet ihn hinaus und gibt ihm noch ein Trinkgeld.*

SIEBENTE SZENE

VIKKI *liest flüchtig die Karten. Hält inne:* Oskar, stell dir vor: Dr. Welzel schreibt sogar mit "ganz herzlichen Grüßen!". Wahrscheinlich ist er außer sich vor Wut, dass er die Stelle nicht bekommt. Selbstverständlich will er sich gerade jetzt mir gegenüber keine Blöße geben. "Ganz herzliche Grüße! Ihr Welzel" *Entdeckt einen schwarz umrandeten Brief, auf dem sie den Absender vergeblich sucht.* Hm, schwarze Ränder? *Öffnet den Brief, liest:* Beate Jaspers. Du lieber Himmel, wer ist Beate Jaspers? Oskar, kanntest du eine Jaspers? Beate Jaspers?

OSKAR *irritiert:* Warum?

VIKKI Dein Name steht auch auf dem Kuvert - unter meinem.

OSKAR *nimmt ihr den Brief aus der Hand, liest:* Kanntest du sie?

VIKKI Natürlich nicht. Sonst hätte ich dich doch nicht gefragt. Aber du hast sie gekannt?

OSKAR Flüchtig.

VIKKI Eine deiner Weibergeschichten?

OSKAR Blödsinn! Ihr Tod hat weitaus mehr mit dir zu tun, mein Kind.

VIKKI Ich kannte sie doch gar nicht!

OSKAR Du kanntest ihre Leber.

VIKKI Oskar! Hast du sie etwa...

OSKAR Lass das! Der Brief ist an dich adressiert. *Gibt ihr den Brief zurück.*

VIKKI Genau das ist mir unerklärlich.

OSKAR Du tust gerade so, als ob du nicht genau weißt, was du machst? Woher das alles kommt?

VIKKI Natürlich weiß ich das. Und du glaubst gar nicht, was ich für Gewissensbisse habe. Es raubt mir fast den Schlaf. Nur ein Organ und so viele Menschen, die es brauchen! Ist das nicht schrecklich? Wem soll ich's einsetzen? Auch wenn es sich nicht alle leisten können, so hat doch ein jeder Anspruch auf funktionstüchtige Organe. *Legt die Post auf den Tisch.*

OSKAR Das will ich nicht bestreiten. Aber lenk nicht ab! Denk an die Spender, die du dringend brauchst!

VIKKI Wieso? Die sind doch tot.

OSKAR In der Regel.

VIKKI Eben. Ich habe es schließlich immer bestätigt.

OSKAR Sie sind die Opfer für alle deine Patienten - und natürlich, nicht zu vergessen, damit auch für deine Erfolgsquote. *Er wirft Vikki den Schädel zu:* Der Brief ist richtig an dich adressiert.

VIKKI Was soll das, Oskar? Ich bringe die Leute doch nicht um. Ich weiß ja häufig nicht einmal, wer diese Spender sind

OSKAR Mein Gott! Tu bloß nicht so naiv!

VIKKI Wieso? Ich gebe eine Liste raus, wo draufsteht, was ich brauche. Das ist alles. Aber wie ist das denn mit dir, mein Lieber? *Sie wirft Oskar den Schädel zurück.*

OSKAR Was soll das heißen? Ich helfe den Patienten, wenn sie mich darum bitten. Sie halten's nicht mehr aus vor Schmerzen und flehen mich um diese Gnade an. Ich bin ein Arzt wie du.

VIKKI Das finde ich nicht.

OSKAR Wieso?

VIKKI Ich rette Menschenleben, und du scheinst sie ja wohl zu töten. Hab ich immer schon vermutet, auch wenn ich nie was gesagt habe. Es hätte dich gekränkt.

OSKAR Du siehst: Wir brauchen einander.

VIKKI Was meinst du denn damit?

OSKAR Wenn ich nicht hin und wieder mal Erbarmen walten lasse, dann wäre nicht nur das Projekt gefährdet, sondern dann würde auch deine Erfolgsbilanz ganz anders aussehen. Ein Herr Dr. Welzel wäre dann Oberarzt an der Uniklinik. *Wirft Vikki den Schädel zu.*

VIKKI Du bist ja wohl nicht bei Trost! Um meine Erfolgsbilanz geht es dir doch gar nicht. Glaubst du denn, ich bin blind? Schon als Kind musste ich immer nur deine Spiele spielen. Wenn du wüsstest, wie mich das anödet! Aber in so was lass ich mich nicht reinziehen! Ich habe damit nichts zu tun. Und ich mach jetzt Karriere, Oskar, ich, im Gegensatz zu dir. *Legt den Schädel auf den Tisch.*

OSKAR Vikki, nun sei mal vernünftig! Nicht ohne Grund haben wir diese Todesanzeige erhalten.

VIKKI Wir? Lass mich aus dem Spiel, Oskar! Das ist allein deine Sache

OSKAR Verdammt noch mal! Womöglich werden sie Anklage erheben. Die Jaspers war jung.

VIKKI Das sind sie alle. Sonst wären ihre Organe doch gar nicht interessant für dich.

OSKAR Für uns, Vikki, für uns!

VIKKI Und was dein Herummanipulieren an den Stammzellen betrifft: Das mag vielleicht bei Ratten klappen. Doch...

OSKAR Was: doch? Ohne dieses Herummanipulieren, wie du das nennst, hättest du ja wohl kaum jemals einen vernünftigen Aufsatz veröffentlichen können.

VIKKI Ich schaff das auch ohne dich.

OSKAR Da wär ich mir nicht so sicher, mein Kind. Selbstverständlich wird es klappen. Es wird der Durchbruch!

VIKKI Wann, Oskar, wann denn?

OSKAR So was kann dauern. Erst wenn ich die genetischen Defekte beseitigt habe, ist das Problem gelöst. Stell dir vor: Riesenbanken ewig frischer Organe! Von uns gezüchtet: Leber, Niere, Herz, Darm...! Und alles dann nicht mehr von Toten! Doch bis dahin... Also hör endlich zu! Sollten die uns anklagen, kommen wir ins Gefängnis!

VIKKI Das ist allein deine Sache, Oskar!

OSKAR Es ist unsere Sache, Vikki! Es wäre das Ende unseres Projekts und deines Erfolges, ganz abgesehen von deinem Lebensstil.

VIKKI Was soll das denn jetzt?

OSKAR Das alles kostet Geld, wie du weißt, viel Geld, zumal die Konkurrenz oft sehr viel billiger liefert. Vergiss also nicht: Ich habe es für dich getan. Und jetzt tust du etwas für mich. Du wirst bezeugen, dass die Frau nicht mehr zu retten war!

VIKKI Ich denke nicht daran! Wer ist denn hier der Mörder? *Nimmt den Schädel und drückt ihn Oskar in die Hand.*

OSKAR Vikki, ich versteh dich nicht. Bei Alwin bist du doch auch nicht zimperlich.

VIKKI Alwin ist mein Sohn. Außerdem hat ihm das alles nicht geschadet.

OSKAR Vikki! Ich habe es für dich getan! Geht das denn nicht in deinen Schädel rein? Für dich - und für Frau Jaspers.

VIKKI Lass mich in Ruhe!

OSKAR Und ich versichere dir, mein Kind: Wenn ich deswegen ins Gefängnis muss, dann gehst auch du. Aus ist es dann mit der Frau Oberärztin. Und aus mit deinem Lifestyle.

VIKKI Irrtum, mein Lieber! Hast du es nicht begriffen? Ich krieg die Stelle nur, weil ich die Kranken rette und meine Studien darüber publiziere.

OSKAR Deine Studien? Ohne mich?

VIKKI Ist ja gut.

OSKAR Und denk an die Organe, die du so dringend brauchst!

VIKKI Was redest du? Die Leute, die sind klinisch tot, völlig normal gestorben. Ich nehme nur das Material von ganz normal gestorbenen klinisch Toten.

OSKAR Ich habe es dir doch mehr als hundertmal erklärt: Diese Toten sind fast immer viel zu alt, zu krank; das Material hat viel zu schlechte Qualität für einen neuen Körper, zu schlechte Qualität für meine Kunden, zu schlechte Qualität für deine Erfolgsbilanz, ganz abgesehen von der Forschung. Wir brauchen junge Spender!

VIKKI *überlegt eine Weile, nimmt dann Oskar den Schädel aus der Hand:* Könntest du mir nächste Woche eine Niere besorgen, Oskar?

OSKAR Lass dir doch eine drucken!

VIKKI Sei nicht albern! Ich brauch sie jetzt und nicht erst in zehn Jahren. Also kannst du mir das Organ besorgen?

OSKAR Natürlich, mein Herz!

VIKKI legt den Schädel auf dem Vertiko ab.

ACHTE SZENE

ALWIN hat aufgeschlossen, betritt schnaufend das Zimmer von rechts, den Schlüssel und eine Plastiktüte in der Hand. Setzt die Sonnenbrille ab.

VIKKI *noch etwas verstört, sich aber dann sofort wieder in der Gewalt habend:* Was, du bist schon zurück?

ALWIN *setzt sich, noch immer außer Atem:* Wieso? Störe ich? Hast du mein i-Phone gesehen?

VIKKI Ich habe es nicht gesehen. Und du störst natürlich nicht, Alwin. Dein Großvater und ich haben schon auf dich gewartet. *Nimmt die Post vom Tisch, auf die Alwin mit Interesse blickt. Auf die Uhr deutend:* Sag mal, mein Liebes, ist das ein Geschenk von dir? Sie ist wundervoll.

ALWIN Ich? Wie kommst du denn auf die Idee? Hast du es wirklich nicht gesehen?

VIKKI Vielleicht liegt es in deinem Zimmer zwischen den Socken und all dem Kram, den du überall herumliegen lässt. *Sie überlegt, wohin sie die Post legen soll, behält sie aber vorläufig in der Hand, um Alwins Aufmerksamkeit nicht erneut zu erregen.* Also sie ist nicht von dir?

ALWIN Natürlich nicht.

OSKAR Es hätte ja immerhin sein können, dass du deiner Mutter etwas zu ihrem Vierzigsten schenkst.

ALWIN Die Uhr? Ist doch abartig. Ein Monstrum! Das Teil kann man doch kaum ansehen!

OSKAR Dann setz deine Sonnenbrille wieder auf! Du kannst die Uhr natürlich auch nach oben tragen.

ALWIN Bist du verrückt? Du weißt doch ganz genau, dass ich das nicht kann. Ich komme jetzt schon dauernd außer Atem.

OSKAR Das ist normal.

ALWIN Komisch, euch strengt das Treppensteigen doch auch nicht an, wo ihr so viel älter seid als ich. Gerade heute fühl ich mich so abgeschlafft und leer. Dazu noch ohne mein i-Phone.

VIKKI Das ist bloß das Wetter, mein Liebes.

ALWIN Ihr könntet mich mal wieder richtig untersuchen!

VIKKI Wir tun unser Bestes, Alwin. *Legt die Post auf dem Vertiko ab.*

ALWIN *zu Vikki, ein schwarzes Negligé aus seiner Plastiktüte entnehmend:* Schau mal!

VIKKI *entzückt:* Oh, wie lieb von dir! So etwas habe ich mir schon lange gewünscht.

ALWIN Ist nicht für dich. Habe ich für mich gekauft.

OSKAR Und was hast du für deine Mutter gekauft?

ALWIN Wieso?

VIKKI Ich habe Geburtstag.

ALWIN Na, okay, aber sei vorsichtig! *Trennt sich vom Negligé, reicht es VIKKI, die es überzieht und nun durch den Raum rauscht, irgendwo hängenbleibt, sich wieder befreit.*

ALWIN Pass doch auf!

VIKKI *stellt sich in Pose wie für ein Foto:* Wie findet ihr es?

OSKAR Alwin steht es besser.

ALWIN Zieh es endlich wieder aus! *Nachdrücklich:* Bitte, Vikki! *Nimmt Vikki das Negligé ab. Hält es sich wieder an.* Ich wusste, dass die Alte im Laden keinen Geschmack hat. Und Taktgefühl fehlte ihr auch.

OSKAR Was meinst du damit?

ALWIN Stellt euch vor, sie hat mich doch tatsächlich darauf hingewiesen, dass ich in der Damenabteilung bin. *Zieht das Negligé wieder über.*

VIKKI Es gibt wirklich schrecklich indezente Leute! Ich sage immer: Man muss Achtung vor jedem Menschen haben. Ein jeder Mensch hat seinen Platz auf dieser Welt und wird gebraucht.

OSKAR Stimmt.

VIKKI Die Würde des Menschen ist schließlich unantastbar. Wer sich heute noch an Schwarzen, Zigeunern, Juden, Homosexuellen oder Asozialen vergreift, müsste...

OSKAR Was?

VIKKI Na ja, weiß ich auch nicht so genau. Auf jeden Fall: Es kommt auf die Prävention an. Man müsste erst mal reden. Genau. Man muss allen erklären, dass es schon längst keine Unterschiede mehr gibt. Freiheit, Gleichheit, Brüderlichkeit! Wir sollten alle noch einmal an die Werte der Französischen Revolution erinnern.

OSKAR An die Guillotine?

VIKKI Quatsch! Es geht um unsere liberalen Werte. Wir reden viel zu wenig miteinander. Das ist ja so immens wichtig. Warum kommen denn die Menschen nicht mehr miteinander klar? Diese grausamen Kindesmisshandlungen! Die Schlägereien! Die Morde! Die Menschen sind zu egozentrisch, zu gierig und zu wenig idealistisch. Alle leben nur noch in ihrer eigenen Ich-Blase. Sie müssen endlich kapieren, dass man einander achten, tolerieren muss?

ALWIN Find ich auch. Toleranz ist schließlich das Wichtigste im Leben. Warum soll denn nicht jeder machen können, was er will?

OSKAR Ach... Vikki sprach gerade von den Asozialen auf der Straße. Was ist mit denen? Möchtest du nicht auf dein neues Gewand verzichten und ihnen das Geld geben, das es gekostet hat, wenn sie dich anbetteln, ich meine, damit auch sie mal machen können, was sie wollen?

ALWIN Natürlich nicht. Ich wollte damit sagen: Jeder kann machen, was er will, wenn er es selber finanziert.

VIKKI Alwin hat recht. *Nimmt aus ihrer Handtasche einen Scheck und stellt ihn aus:* Im übrigen bekommst du noch dein Taschengeld, mein Engel.

NEUNTE SZENE

Klingeln. ALWIN nach rechts ab, um zu öffnen. Er erscheint wieder mit dem LIEFERANTEN, der noch immer nur einen schwarzen, den rechten, zu weiten Schuh trägt.

LIEFERANT Entschuldigen Sie! Ich habe meinen Schuh vorhin vergessen. Ich ziehe ihn nämlich immer aus, wenn es irgend möglich ist. Das hat mir mein Orthopäde geraten.

VIKKI Warten Sie! Ich schau nach. *Sucht.*

ALWIN Gut, dass Sie da sind! Sie können gleich mal die Uhr hinauftragen!

LIEFERANT Ich bin blind.

ALWIN Macht nichts. Ich akzeptiere jeden Menschen. Wir sind doch alle gleich.

LIEFERANT lächelt.

VIKKI *zu Alwin:* Lass ihn! Wir besprechen das nachher. - Ich kann Ihren Schuh nicht finden. Alwin, zieh mal deinen aus! Nun mach schon! *Gibt Alwins Schuh dem Lieferanten.*

LIEFERANT *probiert den Schuh an:* Zu eng. *Gibt ihn Vikki zurück*

VIKKI gibt Alwin den Schuh zurück, der ihn wieder anzieht.

VIKKI Oskar, dann zieh deinen aus!

OSKAR wehrt ab.

VIKKI Hab dich nicht so! Wir können ein Paar neue kaufen.

OSKAR reicht den rechten Schuh.

VIKKI *weist ihn zurück:* Den linken!

OSKAR gibt VIKKI den linken, die ihn an den Lieferanten weiterreicht.

LIEFERANT zieht den Schuh an, der seiner Größe zwar nicht entspricht, aber anscheinend bequem ist.

ALWIN Der ist braun!

LIEFERANT Macht nichts. Ich bin ja blind.

ALWIN Ach... Ich geh dann mal und such mein i-Phone. *Nach oben ab.*

VIKKI *zum Lieferanten:* Sagen Sie, wo Sie nun schon einmal da sind: Ist diese Standuhr denn eine richtige Standuhr, ich meine, so eine, die auch schlägt?

LIEFERANT Natürlich ist sie das. Alle Standuhren schlagen.

VIKKI Komisch! Bisher hat sie das noch nicht getan. Haben Sie Ahnung von Standuhren? Sie ist doch in Ordnung oder?

LIEFERANT Sicher.

VIKKI Könnten Sie vielleicht mal nachschauen? Ich meine...

LIEFERANT Ich muss gehen.

VIKKI Aber vielleicht können Sie sich wenigstens doch noch an den Namen des Mannes erinnern, der Ihnen den Auftrag erteilt hat?

LIEFERANT Er hat ihn nicht genannt.

VIKKI Dann kann sie nur von Manfred sein. *Zum Lieferanten:* Ich bringe Sie hinaus. Und seien Sie vorsichtig! Blinde sind heutzutage so leichte Opfer auf den Straßen. *Vikki gibt ihm nochmals Geld. Bringt den LIEFERANTEN rechts hinaus.*

OSKAR geht ebenfalls hinaus.

ZEHNTE SZENE

VIKKI kehrt zurück. Nach ihr kommt OSKAR in Lederpantoffeln aus dem Flur, etwas später ALWIN mit i-Phone von oben, noch immer in seinem Negligé.

ALWIN *spielt mit seinem i-Phone, macht ein Selfie, stöbert auf dem Vertiko herum und entdeckt in der Post das Kuvert mit der Todesanzeige:* Wer ist denn gestorben?

OSKAR *nimmt ihm den Brief aus der Hand:* Kennst du nicht. *Lässt den Brief in seiner Jacketttasche verschwinden. Ablenkend:* Wovon haben wir vorhin gleich gesprochen?

ALWIN Von der Toleranz. Aber nun mach doch bloß kein solches Geheimnis um diese blöde Todesnachricht!

OSKAR Alwin, es gibt Dinge, die gehen dich nichts an.

VIKKI Sie würden dich nur belasten, mein Schatz. Komm, erzähl uns lieber noch etwas von deinem Einkauf! Das Negligé steht dir nämlich wirklich ganz phantastisch.

ALWIN Wieso würde mich das belasten?

VIKKI Nun erzähl schon!

ALWIN Okay. Also, die vorhin im Laden, das war vielleicht eine blöde Tusse! So was an null Toleranz habt ihr noch nicht erlebt! Stellt euch mal vor: Die hat sogar zwei Kunden rausgeworfen!

VIKKI Unglaublich!

ALWIN Ich sag's euch doch.

OSKAR Und aus welchem Grund?

ALWIN Aus keinem.

OSKAR Das ist unmöglich. So was gibt's nicht.

VIKKI Was hat sie denn gesagt?

ALWIN In ihrem Laden hätten Leute wie die nichts zu suchen.

VIKKI Na, das ist wirklich unglaublich! Es waren Ausländer, nicht wahr? Unsere wichtigsten Werte werden heutzutage immer mehr mit Füßen getreten. Ich fordere: Freiheit für alle russischen Prostituierten! Gleichheit für alle türkischen Putzmänner!

Grundrechte für alle angolanischen Aufrechten! Wie sahen sie denn aus?

ALWIN Ganz normal. So T-Shirts mit 'ner Art Runen drauf. Und auf den Unterarmen hatten sie Tattoos. Ne Nummer. *Stolziert in seinem Negligé herum.*

OSKAR Was für eine Nummer?

ALWIN 18 oder so.

OSKAR Alwin, ich fass es nicht!

ALWIN Wieso?

OSKAR Du kennst doch die Bedeutung. Oder?

ALWIN *leichthin:* Vielleicht haben sie es sich ja zum 18ten machen lassen

OSKAR Das kann ja wohl nicht dein Ernst sein! Mensch Alwin, das sind die Buchstaben im Alphabet: A und H!

ALWIN Ja, klar, und?

OSKAR Du kannst dich doch mit diesen Typen nicht abgeben! Und die auch noch entschuldigen!

ALWIN Wieso?

VIKKI Das sind Neonazis!

ALWIN Weiß ich doch. Und? Das ist ja mal wieder typisch für euch! Im Labern seid ihr gut, aber... Ich denke, ihr seid tolerant. Dann seid doch endlich mal allen Menschen gegenüber tolerant!

VIKKI Du kannst unseren Toleranzbegriff und unsere Liberalität nicht auf diese Typen anwenden?

ALWIN Und warum nicht?

VIKKI Weil die brutal sind und andere zusammenschlagen. Die zertrampeln unsere Menschenrechte glatt mit ihren Springerstiefeln.

ALWIN Sie hatten Turnschuhe an.

VIKKI Dann denk doch bloß an diese schrecklichen Morde und diese abscheulichen Versuche damals.

ALWIN Das ist längst Geschichte. Selbst du hast das nicht mehr erlebt. Die Neos distanzieren sich davon. Sie haben sogar nachgewiesen, dass das nur Märchen sind, das mit den 6 Millionen.

OSKAR Da täuschst du dich aber gewaltig, mein Lieber! Hättest du damals gelebt, wärst du mit einem rosa Dreieck abgewandert - und nicht mit einem schwarzen Negligé!

ALWIN *setzt sich:* Ich fühle mich heute überhaupt nicht. Außerdem sind die wirklich ganz anders. Ihr könnt es mir glauben. Im Laden haben wir zusammen rumgeblödelt über diese Kopftuchtussen. Das war krass lustig.

VIKKI Alwin!

ALWIN Das war echt voll lustig. Die waren wirklich wie Freunde.

OSKAR *blickt auf Alwins Negligé:* Aha.

ALWIN Na klar. Die sind nämlich echte Kumpels, auch wenn ihr das nicht versteht. Die geben sich nur cool und rempeln manchmal rum. Aber daran gewöhnt man sich. Und die sind auch nicht doof. Die haben voll technisches Interesse.

OSKAR Was meinst du denn damit?

ALWIN Sie haben sich für mein i-Phone interessiert. Aber ich hatte es ja blöderweise zu Hause vergessen und konnte es ihnen nicht zeigen. War echt ärgerlich.

OSKAR Wie bitte?

ALWIN Natürlich! Die sind eben locker drauf. Sogar meine Adresse wollten sie haben. Sagt das nicht alles?

VIKKI *entsetzt:* Und du hast sie ihnen gegeben?

ALWIN Natürlich! Wir sind jetzt Freunde. Mit ihrem Bier haben sie mich sogar getauft. Krass lustig, was? Endlich mal jemand, mit dem man Spaß hat, der mich versteht und der mich braucht.

VIKKI Aber Alwin, wir brauchen dich doch auch!

OSKAR Und wenn deine neuen Freunde vor der Tür stehen, dann rufst du besser die Polizei.

ALWIN Weshalb das denn? Ihr seid genauso wenig tolerant wie diese Tante im Laden. Die Neos stehen schließlich auch nur für ihre Ideale - wie Vikki für die Menschenrechte. Und die kämpfen sogar dafür.

OSKAR *erbost:* Aber du weißt doch, was damals geschah. Du weißt, was sich in den KZs abspielte, du weißt von diesen brutalen Menschenversuchen, von den Qualen der Juden, der Zigeuner, der Homosexuellen, der Behinderten. Die Nazis haben die Geisteskranken umgebracht. Das war Mord, mein Sohn!

VIKKI Davon solltest du jetzt vielleicht nicht unbedingt sprechen, Oskar!

OSKAR erhebt sich und verlässt empört den Raum.

ELFTE SZENE

MANFRED kommt, den Schlüssel, ein Kuvert und den eingeschlagenen Braten in den Händen. Erblickt Alwin, der noch immer im Negligé herumschwänzelt: Unser Kleiner sieht heute ja wieder ganz bezaubernd aus.

ALWIN *beleidigt:* Spar dir deinen Kommentar, du Heuchler!

VIKKI Hier hat Alwin recht. Man macht sich nicht lustig über Minderheiten.

MANFRED steht etwas linkisch mit dem Braten im Zimmer, nachdem er nur das Kuvert auf dem Vertiko abgelegt hat.

ALWIN *auf das Päckchen deutend:* Hast du wenigstens daran gedacht, dir Herz und Leber einpacken zu lassen?

MANFRED Das ist nicht üblich.

ALWIN Schade, Vikki kann sie echt gut zubereiten.

VIKKI Nun steh doch nicht rum und trag den Rehbraten endlich raus! Wir essen jetzt noch nicht.

OSKAR kommt, nimmt ihm das Fleisch ab und trägt es hinaus.

VIKKI Manchmal benimmst du dich wirklich wie der letzte Mensch.

MANFRED Du hättest Pädagogin werden sollen, Vikki. Da wärst du noch überzeugender als in der Medizin.

VIKKI Zum Glück warst du es ja wenigstens nicht, der Alwin erzogen hat.

MANFRED Warum sollte ich? Das war wohl eher Oskars Sache.

VIKKI Manfred, bitte! Es ist meine Sache.

MANFRED So? Wo warst du denn dann zum Beispiel, als Alwin auf der Polizeiwache saß? Er hatte damals einen Goldfisch geklaut - aus dem Teich im Park. Du erinnerst dich?

ALWIN *empört:* Ich hatte ihn gerettet. Es war Winter.

MANFRED Oder wo warst du, als er nach seinen Operationen todkrank im Bett lag? Wer hat ihm die Wadenwickel gewechselt, das Fieber gemessen, die Hühnerbrühe...

VIKKI Jetzt bist du aber ungerecht. Ich musste mich um meine Patienten kümmern.

ALWIN Vikki hat sich immer gekümmert. Und Oskar hat mich früher sogar ins Bett gebracht. Er hat mir jeden Abend Geschichten erzählt.

MANFRED Und als du blau angelaufen warst, hat dir der alte Shakespeare-Freund was aus "Othello" hergesagt, vermute ich mal.

ALWIN Das war ein Unfall! Oskar konnte nichts dafür. Vikki hat es damals voll bestätigt. Die beiden lieben mich und kümmern sich um mich, egal was du jetzt sagst.

OSKAR *aus der Küche zurückkommend:* Es war ein Unfall. Ich liebe Alwin. Selbstverständlich.

ALWIN *zu Manfred:* Aber du, du warst ja damals ganz geil auf meine Tropfen. Nur deshalb wolltest du mich unbedingt pflegen.

MANFRED So ein Blödsinn! Ich musste überprüfen, ob es die richtigen waren.

ALWIN Bei den Tabletten musstest du das aber nicht.

VIKKI Was, du hast Alwin seine Tropfen damals weggetrunken? Bist du von Sinnen, du versoffener Kerl!

MANFRED Besser versoffen als...

VIKKI Wir sorgten uns um Alwin...

MANFRED Halt bloß die Luft an!

VIKKI ...und kämpften um sein Leben. Und du, du säufst ihm einfach seine Tropfen weg?

MANFRED Du falsche Katze!

VIKKI Das lass ich mir von dir nicht sagen!

MANFRED Ihr hattet doch ganz andere Sorgen.

OSKAR Hört auf zu streiten!

MANFRED Aber...

OSKAR *drohend:* Vikki hat Geburtstag.

ALWIN *zu Manfred:* Dann darfst du auch was trinken.

OSKAR *drohend:* Alwin, und du hälst jetzt auch den Mund!

ALWIN *maulend:* Ich sag ja gar nichts mehr.

Jeder zieht sich im Raum zurück. VIKKI sitzt auf der Récamière und pudert sich das Gesicht. ALWIN fummelt an seinem Negligé herum und macht ein Selfie. MANFRED begutachtet die Etiketten der Flaschen auf dem Vertiko. OSKAR sitzt die Szene einnehmend im Sessel. Er besinnt sich noch einmal auf die Todesnachricht und überprüft, ob er sie auch sicher verwahrt hat.

OSKAR Kinder, was ist denn das für eine Stimmung? Ausgerechnet heute! Ihr seid wirklich albern. Wollt ihr euch nicht wieder vertragen? Manfred, gieß mal ein!

MANFRED gießt ein. OSKAR nimmt die gefüllten Gläser und verteilt sie.

VIKKI nimmt ihr Glas etwas widerstrebend.

OSKAR *zu Vikki:* Nun zier dich nicht so!

ALWIN *lehnt ab:* Jetzt nicht!

OSKAR Begrabt den Streit! Wir haben heute allen Grund zum Feiern. Und du, Vikki, schau sie dir an, die schöne Standuhr! Sie kann doch wirklich nur von dir sein, Manfred.

VIKKI sieht Oskar verwundert an.

MANFRED *erstaunt:* Die ist nicht von mir.

OSKAR Aber hast du nicht heute Morgen gesagt, du hättest eine Überraschung für Vikki?

MANFRED *wieder versöhnt:* Eine viel bessere. Nicht diese Standuhr, obwohl ich zugeben muss, dass sie durchaus meinem Geschmack entspricht.

ALWIN Typisch, ich hätte es mir denken können!

VIKKI *langsam Interesse zeigend:* Und was hast du dann für mich?

MANFRED *seine überlegene Position auskostend:* Später! Lass uns lieber erst was trinken! *Schenkt nach.* Die Post war schon da?

VIKKI Ja. Ein paar Geburtstagskarten. Das Übliche - wie jedes Jahr. - Nun sag schon, was du für mich hast! Ich habe nämlich auch eine Überraschung. Aber erst du!

MANFRED Sei nicht so ungeduldig! *Drängt Vikki mit sich auf die Récamière.* Weißt du eigentlich noch, wie wir uns damals im Schwarzwald die Kuckucksuhr gekauft haben?

ALWIN Auch so eine Scheußlichkeit!

MANFRED Halt den Schnabel! Dich gab es da noch gar nicht.

VIKKI Lass doch die alten Geschichten! Es gibt Wichtigeres.

OSKAR *bedeutet Alwin, mit ihm nach oben zu verschwinden:* Komm Alwin, wir wollen deine Tierfotos anschauen!

ALWIN Ach, ich spiel jetzt lieber "Krieg der Sterne" am PC.

OSKAR Dann lass mich mitspielen!

Beide gehen die Treppe hinauf in eines der oberen Zimmer.

ZWÖLFTE SZENE

Geräusche eines Computerspiels sind von oben zu hören.

VIKKI Jetzt sag's mir schon! Ist es doch die Uhr?

MANFRED Nein, natürlich nicht. *Gießt sich und Vikki nach.* Apropos Uhr: Erinnerst du dich noch an diesen total verregneten Urlaub mit unserer Kuckucksuhr, wie wir stundenlang nach einem Gasthof gesucht haben? Völlig durchnässt waren wir damals. Sogar der Vogel!

VIKKI Ich weiß: Er konnte nur noch krächzen und bekam die Tür kaum auf.

MANFRED Er war erkältet.

VIKKI Wir waren alle erkältet.

MANFRED Aber glücklich, vergiss das nicht.

VIKKI *gibt nach und schmiegt sich an Manfred:* Ach Manfred, ja, das waren wir.

MANFRED Und dann fanden wir endlich ein kleines...

VIKKI bescheidenes Zimmerchen für uns beide...

MANFRED und die Kuckucksuhr...

VIKKI mit einem Kachelofen...

MANFRED und einer Katze...

VIKKI und rot-karierter Bettwäsche.

MANFRED Die Wasserspülung im Klo tropfte...

VIKKI und die Katze stank aus dem Maul.

MANFRED Das war der Hund, der uns die Brötchen brachte.

VIKKI Bist du sicher?

MANFRED Wir liebten uns.

VIKKI Manchmal liebe ich dich noch immer, vielleicht an ungeraden Donnerstagen.

MANFRED Ohne Alwin wäre es gegangen.

VIKKI Bist du verrückt? Hätte ich ihn etwa abtreiben lassen sollen? Wir sind froh, dass wir ihn haben.

MANFRED Und ohne Oskar!

VIKKI und MANFRED sitzen noch immer umarmt, seufzen, während man im Hintergrund das Geballere des Computerspiels hört. Das Telefon klingelt.

MANFRED Lass es klingeln! Wer wirklich was zu sagen hat, der schreibt's.

VIKKI geht beim vielleicht zehnten Klingelton zum Telefon, das auf dem Vertiko steht: Hallo! - Hm - Verstehe! - Natürlich. - Ciao!

MANFRED Wer war es?

VIKKI Carla.

MANFRED Sie kommt also wie immer zu spät.

VIKKI Sie kommt gar nicht.

MANFRED *spöttelnd:* Hat sie Migräne?

VIKKI Waschtag.

MANFRED *lacht:* Was ist das denn? Waschtag? Ich werd verrückt! Eine Frau Professor Carla Schmidt-Hagedorn hat Waschtag! Mir schwinden die Sinne!

VIKKI Spotte nicht! Sie nimmt es ernst.

MANFRED Dann kommen also nur deine anderen Freundinnen?

VIKKI Ich muss dich enttäuschen. Sie kommen auch nicht. Carla hat sie soeben entschuldigt.

MANFRED Migräne?

VIKKI Waschtag.

MANFRED Ach so, sie waschen also ihre Dessous gemeinsam? Toll!

VIKKI *pikiert:* Ja. Eigentlich hätte ich heute auch Waschtag.

MANFRED Warum das denn?

VIKKI Ach Manfred, du verstehst rein gar nichts.

MANFRED Oh doch, ich hab es kapiert. In unserer Ehe hast du früher nie gewaschen, und deshalb hast du dich dann scheiden lassen. Stimmt's?

VIKKI Mach dich nicht lustig über mich. Lass es dir erklären: Wie du vielleicht bemerkt haben wirst, leben Mann und Frau noch immer in den ewig eingefahrenen Strukturen, auch wenn es bei uns heute weniger auffällt. Oder hast du das nie bemerkt?

MANFRD *zaghaft:* Doch.

VIKKI *seinen Einwurf nicht beachtend:* Das sähe dir natürlich ähnlich. Also: Auch die letzten Reste patriarchalischer Vorstellungen gilt es auf eine für alle innovativ richtungsweisende Art zu verändern.

MANFRED Mit dem Waschtag?

VIKKI Ja, natürlich mit dem Waschtag, denn dieser dient bereits im Vorfeld dazu, jegliche maskuline Restriktion nicht nur rein rational, sondern perzeptiv, sozusagen auch haptisch, zu erfassen, um diese dann für alle Frauen verständlich zu verbalisieren.

MANFRED Ich verstehe.

VIKKI So?

MANFRED Ja. Aber ihr habt doch Waschmaschinen.

VIKKI Das ist doch jetzt völlig egal. Darum geht es gar nicht. Grundsätzlich geht es um die Doppelbelastung einer jeden Frau. Wir müssen sie zunächst nur wieder deutlich fühlbar machen.

MANFRED Hat dir Frau Albrecht gekündigt?

VIKKI Manfred, es geht ums Prinzip. Verstehst du das noch immer nicht? Der Waschtag ist eine Gelegenheit, bei der wir Frauen uns auf eine traditionelle Art und Weise solidarisieren und uns unserer ständigen Übervorteilung durch die Männer bewusst werden. Wir können klarer und an Beispielen, die global verständlich sind, formulieren, wie wir ausgenutzt und ausgebeutet werden. Im übrigen auch sexuell. Weißt du überhaupt, wie viele Frauen diese Lage in den Wahnsinn treibt? Aber am Waschtag können wir unsere Probleme miteinander ausgiebig diskutieren, egal ob es sich dabei um die Akzeptanz des Kamasutra in der Dreierbeziehung handelt oder um die Zuverlässigkeit eines waschechten Make-ups beim Seitensprung.

MANFRED Kommt Frau Albrecht auch zu eurem Treffen?

VIKKI Nein. Sie putzt an unserem Waschtag gewöhnlich die Fenster.

MANFRED Das überzeugt mich. Organisierst du auch Waschtage für Männer?

VIKKI Nein.

OSKAR *aus dem Off:* Alwin, lass uns aufhören! Dieses ewige Töten intergalaktischer Männchen deprimiert mich.

ALWIN *aus dem Off:* Wieso? Ist doch nur Spiel.

OSKAR *aus dem Off:* Schalt's ab! Nichts ist ein Spiel.

MANFRED Aber Claudia kommt doch wenigstens heute Abend?

VIKKI Nein, sie auch nicht.

MANFRED Lass mich überlegen: Waschtag!

VIKKI Nein, Migräne.

DREIZEHNTE SZENE

OSKAR *kommt die Treppe hinunter. Zu Manfred:* Was ist denn nun mit deinem Geburtstagsgeschenk, Manfred? Hast du es Vikki noch immer nicht gegeben?

VIKKI Ja, länger musst du mich jetzt wirklich nicht mehr auf die Folter spannen!

MANFRED Gut! *Nimmt den Umschlag vom Vertiko.*

VIKKI greift danach: Du hast was geschrieben. So ist es doch, oder?

MANFRED *bedeutungsvoll:* Hm... *Lässt sich den Umschlag nicht aus der Hand nehmen.*

VIKKI Über meine Arbeit und meine Erfolge, nicht wahr?

MANFRED Ich kenne doch eure Wünsche.

VIKKI Einen Artikel, oder? Er sollte noch vor meiner Ernennung zur Oberärztin erscheinen. Kriegst du das hin? Das ist nämlich meine Überraschung. Ich wollte es dir schon vorhin erzählen.

MANFRED Du hast die Stelle? Er wird erscheinen. Todsicher.

VIKKI Du bist so lieb, Manfred! Ein besseres Geschenk hättest du mir gar nicht machen können. Lass mich lesen, ja?

MANFRED Augenblick! Erst noch ein paar Fotos. Die Öffentlichkeit will doch schließlich wissen, mit wem sie es zu tun hat. *Holt einen Fotoapparat aus dem Flur.*

VIKKI Na gut! Aber beeil dich! *Stellt sich in Pose.*

OSKAR Strahl Würde aus, mein Schatz!

MANFRED Oskar muss natürlich mit aufs Bild.

VIKKI Oskar auch?

OSKAR *beglückt:* Du warst schon immer wie ein wahrer Sohn! *Tritt auf Vikki zu. Beide posieren.* Wir sind ein Team, nicht wahr, mein Liebes? Von uns und unserer Arbeit wird man noch in hundert Jahren reden.

MANFRED *drängt sie vor die Standuhr:* Dorthin! - Ja! - Ein bisschen mehr zusammen! Am besten vor der Standuhr.

VIKKI *zu Manfred:* Das Schlagwerk geht nicht.

MANFRED Ich sehe es mir nachher an. Aber jetzt bleibt doch bitte stehen! *Erblickt den Totenschädel auf dem Vertiko:* Der ist sicher von dir, Oskar, was? Hervorragend! *Reicht ihn Vikki, die sich weigert, ihn zu nehmen.* Nimm ihn schon, Vikki!

VIKKI Das ist kitschig.

MANFRED Willst du nun berühmt werden?

OSKAR Natürlich will sie. Gib ihn her! *Posiert mit dem Schädel:* Freiheit für Forschung und Lehre!

MANFRED *reicht ihm den Schädel. Hockt sich hin. Macht einige Fotos aus dieser Perspektive:* So, das war's.

OSKAR *zu Manfred:* Na, dann reich doch mal den Artikel rüber! *Zu Vikki:* Ich bin so stolz auf dich, mein Kind.

MANFRED reicht Vikki den Umschlag.

VIKKI *öffnet den Umschlag, entnimmt ihm den Artikel, beginnt zu lesen, wobei sich ihre Miene verändert. Aufkreischend:* Oh nein!... Das kann ja wohl nicht wahr sein! - Was soll das denn? Totenklage! - Bist du total von Sinnen? *Liest weiter. Fassungslos:* ...Patienten nicht länger mit Blindheit geschlagen... Zusammenhang offensichtlich.

OSKAR Zeig her! *Liest:* ...Familienkomplott? Ich kann's nicht glauben! Sag, dass das ein Witz ist!

MANFRED Das wäre Blasphemie. Über Götter mache ich keine Witze.

VIKKI *liest, zitiert leise:* Vater tötet für Karriere der Tochter... überredet Patienten zu sterben... - Manfred! Das ist infam!

OSKAR Willst du uns ruinieren?

VIKKI *zitiert:* ...ihr krankhafter Ehrgeiz...

OSKAR *zu Manfred:* Du sprichst von Ehrgeiz? Ausgerechnet du? Was willst denn du? Nur einen Namen willst du dir machen mit dem Artikel, du mieser kleiner Schreiberling! Und das allein auf unsere Kosten! Verstehst du überhaupt, was uns beschäftigt?

MANFRED Ihr, ihr habt den Tod enteignet! Eure widerlichen Machenschaften...

VIKKI Machenschaften?

OSKAR Was glaubst du denn? Wir sind Wissenschaftler, und unsere Arbeit dient der Forschung und der Menschlichkeit.

MANFRED Dass ich nicht lache! Nur eurem Ehrgeiz dient sie, ganz abgesehen vom Verdienst, der dabei rausspringt. Wie verlogen!

VIKKI Manfred! Wir verlieren unsere Stelle!

OSKAR Mindestens.

VIKKI Das kannst du doch im Ernst nicht wollen!

OSKAR Du bringst uns ins Gefängnis! Ist dir das klar? Und wenn wir im Gefängnis sind, dann ist es aus mit deinem schönen Leben.

MANFRED Zu spät! Schon lange habe ich darauf gewartet, mal reinen Tisch zu machen. Ohne eure verdammte Heuchelei! Von wegen Ideale! Ihr glaubt doch selber nicht im Ernst daran.

OSKAR Und du? Woran glaubst du? Dein Spatzenhirn führt uns zurück ins Mittelalter.

MANFRED Und was ihr wollt, wohin führt das? Nicht einmal euren eigenen Sohn habt ihr verschont, ihr Bestien!

OSKAR Was meint er, Vikki?

MANFRED Ich meine Alwin, euren Sohn.

OSKAR Du bist betrunken. Alwin ist mein Enkel.

MANFRED Hast du das tatsächlich fünfzehn Jahre lang geglaubt?

OSKAR sieht Vikki erstaunt an.

VIKKI *kleinlaut:* Er hat recht, Vater. Ich musste es dir verschweigen. Reine Notwehr, glaub es mir! Manfred hätte uns sonst alle sitzenlassen. Das konnte ich mir in meiner Stellung damals gar nicht leisten.

OSKAR Du hast ihn immer überschätzt. Wie konntest du mir so etwas verheimlichen? Wie konntest du so herzlos sein? Ich habe einen Sohn! Vikki, fast hätten wir ihn umgebracht! Was hätte alles aus ihm werden können, wenn er komplett wäre!

VIKKI Beruhige dich!

OSKAR Wie sollte ich? Er ist mein Sohn! Vielleicht hätte er einmal Kinder gehabt.

MANFRED lacht.

OSKAR *verärgert:* Lach nicht so blöd! Warum denn nicht? Mein Name würde überleben!

VIKKI Wir können ihm doch neue Teile transplantieren. Die Bauchspeicheldrüse und das bisschen Lunge.

OSKAR Vergiss den Dünndarmabschnitt nicht.

VIKKI Der ist kaum der Rede wert. Das lässt sich alles machen. Und das inzwischen sehr viel besser, wie du weißt. Wir nehmen die Organe aus deinen Versuchsreihen, Oskar, ja?

OSKAR Meinst du denn, dass er das übersteht?

MANFRED Verbiete es ihr, Oskar! Du bist der Vater.

OSKAR Vikki hat recht. Sie ist die Mutter. *Entschlossen:* Er bekommt neue Organe, bessere, welche aus dem Labor! Und vielleicht auch eine neue Herzklappe.

VIKKI Natürlich. Die beste! *Zu Manfred:* Jetzt siehst du wohl endlich ein, wie immens wichtig unsre Forschung ist: für Alwin, für die Menschheit - und wie verdammt schädlich dein Artikel!

MANFRED Der Artikel wird erscheinen! Das schwör ich euch! Die Zeiten sind vorbei, in denen ich aus Familiensinn für euch geschrieben habe, ich Idiot! Jetzt wird nichts mehr vertuscht, nichts mehr beschönigt! Allein die Wahrheit werde ich jetzt schreiben. *Trinkt.* Ich werde sie hinausschreien, brüllen, donnern...

VIKKI Oskar, so tu doch was!

MANFRED Und Alwin lasst in Ruhe! Schaut ihn euch an, was ihr aus ihm gemacht habt! Dieses Herumgeschnippel hält nicht mal eine Ratte aus.

OSKAR Misch dich nicht ein, du Verräter! Alwin ist mein Sohn!

MANFRED Ihr habt mich immer ausgeschlossen, wie einen Hund behandelt, den man manchmal krault, wenn's einem danach ist, und vor die Türe jagt, dann, wenn er stört. Jetzt lasst wenigstens endlich mal den Jungen in Frieden!

OSKAR Seit wann hast du denn Mitgefühl mit Alwin?

VIKKI Dem geht es gut bei uns. Wir lieben ihn.

MANFRED Was ist für euch denn Liebe?

VIKKI Verdammt noch mal! *Wird von Oskar gedrängt, sich um Manfred zu kümmern.* Manfred...

OSKAR *souffliert:* Kuckucksuhr -

VIKKI Aber Manfred, denk an die Kuckucksuhr! Wir haben uns einmal geliebt!

OSKAR gießt im Hintergrund Champagner in das Glas auf dem Vertiko.

MANFRED Dass du mich je geliebt hast, möchte ich bezweifeln. Bestenfalls war es wohl Sentimentalität, wenn du mich aus der Besenkammer holtest nach einer Nacht mit Oskar oder anderen Männern. Das tut weh.

VIKKI Hättest du lieber im Schrank gewartet? Du hättest es mir ruhig sagen können.

MANFRED Ausgenutzt und entwürdigt habt ihr mich, du und dein Vater!

VIKKI Lass Oskar aus dem Spiel! Du hast ihn akzeptiert. Und jetzt bist du nur eifersüchtig.

MANFRED Es geht mir längst nicht mehr um ihn als Mann.

VIKKI Natürlich geht es dir darum. Und um nichts weiter. Erst war es Oskar, der dich störte, dann dieser schüchterne semmelblonde Junge vom Schlachthof, der keiner Fliege was zuleide tat, später der nette Hundefleischverkäufer aus dem Supermarkt. Wie hieß er gleich?

MANFRED Toni.

VIKKI Danke! Dann waren es... Ist ja auch egal. Und jetzt ist es Lars. Dabei warst du es doch, der mich in ihre Arme trieb, du Impotenzling!

MANFRED *will Vikki schlagen, die sich wehrt:* Ich habe dich mal geliebt, du Flittchen! Wie sinnlos hast du deine Jahre zugebracht! Wie skrupellos gelebt und andere ruiniert! Ich könnte kotzen...

OSKAR *geht dazwischen:* Lass sie in Ruhe! *Zu Vikki:* Und du setz dich jetzt hin!

VIKKI *setzt sich wütend vor Ohnmacht auf die Récamière:* Meine Stelle! Verdammt! Denk doch mal an meine Stelle!

MANFRED trinkt.

OSKAR *sachlich:* Woher hast du überhaupt so genaue Informationen?

MANFRED Natürlich von Frau Jaspers. Was dachtest du denn?

OSKAR Die ist tot.

MANFRED Ich war im Krankenhaus und hatte sie gesprochen, kurz bevor du sie getötet hast.

OSKAR Sie war unheilbar. Begreifst du nicht? Sie wollte sterben.

MANFRED Tu nicht so. Du wolltest es. Denn du brauchtest ihre Leber für Vikki - ganz abgesehen von all den anderen Organen. Sag, wieviel ist diesmal dabei herausgesprungen?

OSKAR Das alles konnte die Jaspers gar nicht wissen.

MANFRED Sie war nicht dumm. Sie zweifelte und hatte Angst vor dir.

OSKAR Du lügst! Sie vertraute mir.

MANFRED Abhängig war sie. Weiter nichts.

OSKAR Ich gebe zu, dass ich einen gewissen Eindruck auf sie machte. Sie himmelte mich sozusagen an, vergötterte mich, liebte mich vermutlich.

MANFRED Du Ungeheuer sprichst von Liebe? Hast du jemals einen anderen als dich geliebt?

OSKAR Ich liebte meine Frau und meine Tochter. Die Familie...

MANFRED Hör auf, du Saubermann! Die Stories kenne ich. Ich habe sie schließlich damals für dich erfunden, damit du wenigstens noch praktizieren konntest.

OSKAR Du weißt, ein jeder Mann hat seine Schwächen.

MANFRED ...die vorerst eine Krankenhauskarriere kosten, nicht wahr, du Ehrgeizling? Und jetzt... *Gießt sich lächelnd ein Glas Champagner nach.* Skol! *Trinkt.*

OSKAR Bleib auf dem Teppich, Manfred! Du bist total betrunken.

MANFRED Glaub mir: Ich war noch nie so nüchtern. *Trinkt aus.*

OSKAR Dann säg den Ast nicht ab, auf dem du sitzt! Wir haben uns doch immer gut verstanden.

MANFRED Nicht immer, Oskar. Und diesmal hast du dich verrechnet. Ich will euer Geld nicht mehr. *Gießt nach und trinkt während des fortlaufenden Dialogs weiteren Alkohol. Wird immer betrunkener.*

OSKAR Die Jaspers ist tot. Was kannst du schon beweisen?

MANFRED Und Alwin, das kleine Alwinchen...

OSKAR Der ist mein Sohn.

MANFRED Ein Zeuge!

OSKAR Das ist ja lächerlich. Er weiß von nichts.

MANFRED Ich zeig ihm seine MRTs und Röntgenbilder.

OSKAR Nun sei einmal vernünftig, Manfred! Ich habe der armen Jaspers viel erspart.

MANFRED Hör auf zu heucheln!

OSKAR Gut! Gut, mein Junge! Ich geb's ja zu. Vikki brauchte das Organ. Natürlich. Wir beide müssen uns da gar nichts vormachen.

MANFRED Eben. *Rülpst.* Entschuldige!

OSKAR Doch sag mir, was habe ich schon getan? Die Jaspers musste sterben. So oder so. Was sollte sie sich länger quälen?

MANFRED Oh, du verdammter Fuchs, du! *Rülpst.*

OSKAR Wird mich ihre Familie verklagen? Was meinst du?

MANFRED Todsicher!

OSKAR Aber die kann doch gar nichts wissen.

MANFRED *singt:* Money makes the world go round, world go round, world go round... Money, Oskar, nicht wahr? Das kennst du doch. Und ich habe ihrem Vater some Money geboten. Er wird nämlich mein Zeuge sein. Der Zeuge für meine Story vom wahren Tod der Jaspers! Ich und er, wir beide, wir werden dich verklagen. Und jetzt, Oskar, hör zu, hör gut zu! Jetzt seid ihr mal die Hunde! *Will sich noch ein Glas Champagner einschenken, bemerkt, dass die Flasche leer ist, stellt sie weg.*

OSKAR Mein lieber Junge, nun verrenn Dich doch nicht so! *Öffnet eine neue Flasche.* Komm, trink noch was! Dein Artikel ist ja gar nicht so schlecht - im Ansatz, mein ich. Stilistisch sogar überzeugend. Wir sollten ihn vielleicht ein bisschen ändern. So wie die Geschichte uns hier vorliegt, ist sie doch Satire.

MANFRED Die Wahrheit ist immer Satire, weißt du? Sonst bleibt sie nämlich Geheimnis. Pst! Geheimnis der Götter. Du verstehst? *Rülpst. Hält Oskar das leere Glas hin.*

OSKAR *schenkt Manfred nach, der das Glas sofort leer trinkt:* Wie du selber weißt, Manfred: Die Wahrheit ist käuflich. Das hat ja offensichtlich auch der Vater von der Jaspers so gesehen. Du sprichst also noch mal mit ihm und bietest ihm eine höhere Summe, ja? Du musst ihn überzeugen, dass seine Tochter es so wollte. Inständig wollte, mich bat, mich anflehte. Egal, was es kostet.

MANFRED *auf Vikki zugehend, die noch immer auf der Récamière sitzt:* Gib Herrchen den Artikel, mein Hündchen! Nun gib ihn schon her! *Reißt Vikki den Artikel aus der Hand. Lacht albern.*

OSKAR *stützt den nicht mehr standfesten Manfred:* Komm, mein lieber Junge, wir gehen das alles noch mal durch!

MANFRED *macht sich los:* Lass mich! Ich kann allein... *Stolpert durch den Raum. Rülpst. Dreht sich nach Oskar um:* Oskar, bei Fuß! *Lacht.*

Beide verlassen mit dem Artikel den Raum durch die linke Tür.

VIERZEHNTE SZENE

VIKKI sitzt noch immer auf der Récamière, hat inzwischen aus Manfreds Kamera den Chip genommen und zerschneidet ihn zeitlupenartig mit einer Schere. Zwischendurch schneidet sie sich auch einmal eine Haarsträhne ab.

LARS *kommt, den Schlüssel in der Hand. Er geht überschwänglich besorgt auf sie zu:* Was machst du denn da, mein kleines Schneehuhn? *Umarmt sie.*

VIKKI *löst sich aus der Umarmung:* Ich zerstöre mein Bild, bevor es Manfred tut, - und das von Oskar. *Zerschneidet weiterhin den Chip.*

LARS Aber warum denn um Himmels Willen?

VIKKI Er will einen Artikel über uns veröffentlichen.

LARS Und was ist daran so furchtbar? Das war doch schon immer in eurem Sinn.

VIKKI Eigentlich schon. Aber jetzt, jetzt ist er völlig übergeschnappt. Er bezeichnet uns darin als kriminell, dieser Verbrecher! Stell dir das mal vor!

LARS Wie kommt er denn darauf? Ihr seid doch Ärzte.

VIKKI Oberärzte! Ich jedenfalls. Er hat mich nie verstanden.

LARS Das habe ich dir schon immer gesagt.

VIKKI Er hat überhaupt keinen blassen Schimmer von Hippokrates.

LARS Er hält ihn für ein Pseudonym der Mafia.

VIKKI Dabei muss aber doch selbst ihm einleuchten, dass unsere Arbeit für die Menschheit unerlässlich ist. Sonst war er immer so vernünftig. Aber jetzt ist er völlig verrückt geworden.

LARS Und was hat das alles mit den Bildern zu tun?

VIKKI Manfred hat Fotos für diesen scheußlichen Artikel gemacht. Er will unser Bild in der Öffentlichkeit mit Macht zerstören. Wenn ich den Chip jetzt selbst zerstöre, bleibt ihm nichts mehr. Verstehst du? Ohne unsere Bilder gibt es uns quasi gar nicht.

LARS Aber Vikki, du brauchst die Bilder doch nur zu löschen.

VIKKI Das reicht nicht aus. Sie hinterlassen Spuren. Und seine Schmiererei... Dafür wird Oskar sorgen. Er schafft es ganz bestimmt. Ich hoffe jedenfalls, dass er das schafft. Wenn nicht... Aber er schafft so was immer. Ich werde noch komplett wahnsinnig!

LARS *will ihr die Schere wegnehmen, was ihm nicht gelingt:* Vergiss Manfred! Das einzige, was zählt, ist unsere Liebe. Und die kann kein Mensch zerstören.

VIKKI Lass mich!

LARS *sieht sie mitleidig an:* Vikki!

VIKKI *überspannt:* Mit diesem Schnitt spüre ich, wie die Schere tief in mein Herz dringt. *Schneidet mit verzerrtem Gesicht.*

OSKAR *aus dem Off:* Au, verdammt noch mal!

VIKKI *zu Lars:* Hörst du? Auch Oskar spürt es. *Laut rufend:* Was ist mit dir, Oskar?

OSKAR *aus dem Off:* Ich habe mir den Kopf an dieser dämlichen Schreibtischschublade gestoßen.

VIKKI *ärgerlich:* Was machst du denn überhaupt?

OSKAR *aus dem Off:* Manfred und ich schreiben den Artikel um. Du brauchst dir keine Sorgen mehr zu machen, mein Liebes!

VIKKI Und warum hast du dir den Kopf gestoßen?

OSKAR *aus dem Off:* Manfred hat das Blatt fallen lassen.

VIKKI Dann soll er sich doch selber bücken!

OSKAR *aus dem Off:* Das geht nicht, ihm dreht sich alles.

VIKKI Der Alkohol!

OSKAR *aus dem Off:* Nein, Anzeichen von Einsicht!

VIKKI *wieder völlig normal:* Oh je, ich muss unbedingt zum Friseur! Schließlich steht meiner Ernennung jetzt nichts mehr im Wege. Nun wird alles wieder gut. Auf Oskar ist eben immer Verlass.

LARS *sie zärtlich umfassend:* Und auf mich!

VIKKI *sich aus der Umarmung lösend, sachlich:* Die Uhr ist nicht zufällig von dir?

LARS Natürlich nicht! Wie kommst du darauf?

VIKKI Irgendjemand muss sie mir zum Geburtstag geschenkt haben. Sie wurde vorhin gebracht.

LARS Von mir ist sie jedenfalls nicht. Immerhin waren wir uns einig, dass uns Geschenke nichts bedeuten.

VIKKI *nimmt das Einhorn vom Vertiko:* Und das hier? Das ist doch von dir. Das hast du mir vorhin geschenkt.

LARS Ach ja, das Einhorn!

VIKKI Nicht mal ganz billig. Es ist aus Gold. Die Augen sind Saphire.

LARS Deshalb hab ich es nicht aus deinem Schrank genommen.

VIKKI Also doch, Manfred hatte recht.

LARS Ich wollte dir nur eine Freude machen.

VIKKI Das war ein Geschenk zum Hochzeitstag von Manfred! Er hatte es sogar selbst bezahlt.

LARS Du hattest es schon längst vergessen. Und jetzt konntest du dich noch einmal darüber freuen. Du hast dich doch gefreut?

VIKKI Natürlich habe ich mich gefreut. *Stellt das Einhorn wieder zurück auf das Vertiko.* Nächstes Mal kannst du mir den kleinen Hasen schenken. Du müsstest ihn im Schrank gesehen haben. Aber ich hätte da noch einen ganz anderen Wunsch. Darüber würde ich mich riesig freuen.

LARS Du weißt, mein kleines Schneehuhn, ich erfülle dir jeden. Sag!

Man hört von oben Alwins Harfengeklimper.

VIKKI *nimmt aus der Vertikoschublade ein aufgesetztes Schreiben heraus, reicht es Lars zusammen mit einem Kugelschreiber:* Jeden?

LARS Natürlich.

VIKKI Wirklich?

LARS Aber ja.

VIKKI Dann unterschreib das einfach!

LARS *theatralisch-ironisch:* Willst du mein Blut? Du sollst es haben. Oder willst du mein Herz, Geliebte? Du hast es schon. Was ist's?

VIKKI *sachlich:* Sei nicht albern! Es ist nur eine Unterschrift. Im Falle deines Ablebens, also im Falle deines klinischen Todes, überlässt du mir damit die Verfügungsgewalt über deinen gesamten Körper.

LARS Zu Lebzeiten wär mir das aber lieber. Warum willst du das überhaupt? Mich einbalsamieren, so wie die alten Ägypter? Und dann stellst du mich auch in einer Vitrine aus? Schrecklich!

VIKKI Hör auf mit dem Quatsch! Du hast es versprochen! Bitte! Es ist ein Akt der Menschlichkeit.

LARS Wieso?

VIKKI Du weißt doch selbst, wie nützlich Menschen nach ihrem Ableben sind. Ich brauche die Organe. Meine Patienten können damit überleben.

LARS *blickt sie entgeistert an:* Aber Schneehuhn, wir wollten doch einmal gemeinsam sterben! Du hast es selbst gesagt.

VIKKI Da war ich jung und blöd.

LARS Es war letzte Woche.

VIKKI Eben. Jetzt bin ich vierzig. Und Oberärztin werde auch!

Man hört noch immer das Harfengeklimper.

LARS Und die Vereinigung unserer beider Seelen im Tod? Was ist damit? Wir hätten bei Vollmond ins Wasser gehen können oder, das Brotmesser zwischen den Rippen, in einer kleinen romantischen Bergkapelle verbluten. Wir könnten auch gemeinsam stranguliert auf dem Damenklo im städtischen Museum aufgefunden werden. Oder du spritzt mir eine geheimnisvolle Injektion mitten durch die Brust, mein kleiner Amor, bevor du dich anschließend selber tötest. *Sachlich:* Ich glaube, die umgekehrte Reihenfolge wäre eigentlich besser. *Schmachtend:* Vikki, warum verrätst du unsere Liebe?

VIKKI *geschäftsmäßig:* Bitte! Du hast es gerade versprochen! Unterschreib jetzt! Bitte!

LARS *unterschreibt verunsichert, seufzt:* Wenn es dich glücklich macht.

VIKKI Und jetzt komm!

LARS Wohin?

VIKKI Ich werde dir beweisen, dass ich keine Verräterin an unserer Liebe bin. Lass uns Kinder machen!

LARS Was? Wann? Jetzt?

VIKKI Natürlich. Ich will noch viele, viele Kinder!

LARS *entgeistert:* Ich aber nicht!

VIKKI Musst du ja auch nicht. Ich nehme sie alle.

LARS Vikki, du demütigst mich! Unter diesen Bedingungen komme ich mir vor wie Michelangelo, der für irgend so einen ungezogenen Fürstensohn Schneemänner bauen musste.

VIKKI Das hat seiner Stellung mit Sicherheit keinen Abbruch getan. *Sie drängt Lars zur Treppe. Überschwänglich:* Mein Lieber, wir werden Kinder zeugen! Das ist romantisch - du siehst, ich komme dir entgegen - und es macht Sinn.

LARS Was für einen Sinn? Du hast doch gar keine Zeit für Kinder. Du hast einen Beruf, der dich ausfüllt!

VIKKI *zieht Lars schon halb aus:* Genau an den denke ich doch. Natürlich! *Euphorisch:* Alle meine Kinder werden ihre Organe der Wissenschaft spenden - und der Menschlichkeit! Genau wie du.

LARS Das ist doch völlig absurd! Dazu müssten sie schließlich erst einmal sterben. Oder?

VIKKI Ja sicher, zumindest, wenn es effektiv sein soll. Du kannst dir gar nicht vorstellen, wie lang die Warteliste für Organe heutzutage ist.

LARS Willst du sie etwa töten?

VIKKI Wofür hälst du mich denn? Selbstverständlich nicht! Der Organspendeausweis ist ja jetzt schon ein Teil ihrer Geburtsurkunde. Und dann wird die allgemeine Kindersterblichkeit alles regeln.

LARS Was für eine Kindersterblichkeit?

VIKKI Denk an den Fast-Food-Konsum oder an die grassierende Erblindung durch Smart-Phones. Wie viele kommen allein schon dadurch unter die Räder. Oder denk an die immer brutaler werdenden Kampfhunde und Psychopathen, die inzwischen nur noch in Rudeln auftreten. Den einsamen und harmlosen Exhibitionisten findest du heutzutage nur noch im Märchenbuch. Die Kleinen werden zum Wohle der Menschheit entschlafen! Die Jugend trägt endlich Verantwortung! Ist das nicht revolutionär?

LARS blickt sie entgeistert an.

VIKKI Das Ganze kann natürlich nur Modellcharakter haben.

LARS Wie bitte? Das ist total unmenschlich, widernatürlich - und abgesehen davon, wissenschaftlich völlig überholt. Ich habe gelesen, dass man inzwischen Schweineherzen transplantiert. Die Forschung der Genetiker macht's möglich!

VIKKI *zieht Lars die Treppe hinauf:* Die sind noch lange nicht so weit. Und Oskars Wege sind viel effektiver.

LARS Trotzdem wirst du dich dem beugen müssen. Schweineherzen haben Zukunft.

VIKKI Das kommt doch auf die Nachfrage an.

LARS Wieso?

VIKKI Es wird immer Idealisten geben, die ein Menschenherz dem eines Schweines vorziehen. Nun komm schon!

Sie sind oben auf der Treppe angelangt und verschwinden.

VIKKI *erscheint noch einmal, halb ausgezogen, Lars' Hose in der Hand haltend, auf der Treppe, ruft:* Ach, Oskar! Oskar!

OSKAR *aus dem Off:* Ja, Liebes?

VIKKI Könnt ihr beide nachher noch einmal nach der Uhr sehen?

OSKAR *aus dem Off:* Machen wir!

FÜNFZEHNTE SZENE

ALWIN, der noch immer das Negligé trägt, kommt ins Zimmer. Er stellt den Schädel und das Einhorn zur Seite, um auf dem Vertiko Platz zu schaffen für ein Buffet. Holt Teller und Bestecks dafür aus der Küche. MANFRED und OSKAR kommen mit Flasche, Gläsern und Artikel und nehmen in den Sesseln Platz. Zwischen ihnen auf dem Tischchen befindet sich eine Kerze, die sie anzünden. Sie beginnen den Artikel zu zerreißen und die Papierschnipsel in der Kerzenflamme zu verbrennen.

OSKAR Und hiermit übergebe ich feierlich dem Feuer... *Brennt einen Schnipsel ab.*

MANFRED *wieder halbwegs nüchtern. Vorwurfvoll:* Oskar!

OSKAR *einhaltend:* Ja doch. Ist ja gut.

MANFRED und OSKAR verbrennen wortlos weitere Schnipsel.

ALWIN Wann seid ihr denn nun endlich fertig?

OSKAR Wart's ab, mein Sohn! Vikki und Lars sind ja auch noch nicht da. Du kannst doch noch gar keinen Hunger haben. Aber bau das Buffet ruhig schon mal auf!

ALWIN b*aut das Buffet weiterhin auf.*

OSKAR Eigentlich schade! Wir hatten ihn schon so schön umgeschrieben. Und die Einleitung war uns wirklich gelungen, das musst du zugeben, Manfred!

MANFRED Natürlich! Eine Laudatio auf Viktoria Behrenfeld und ihren Vater, die Zukunft der Menschheit. So was gehört auf den Scheiterhaufen! *Verbrennt einen Schnipsel.*

OSKAR *liest selbstgefällig:* Nur ihr unermüdlicher Einsatz bot vielen Patienten eine letzte Chance. Ihre selbstlose Arbeit... Na, sei's drum! *Legt dieses Stück Papier beiseite, verbrennt ein anderes.*

MANFRED Aber zum Geburtstag habe ich jetzt auch nichts. Genauso wie dieser hergelaufene Köter und unser schwuler Kleiner.

OSKAR Du weißt gar nicht, was wir an Alwin alles haben. Und du? Schreib doch einfach ein Gedicht! Du hast das Zeug dazu. Außerdem ist ein Gedicht kurz und geht schnell.

MANFRED Zeitungen drucken heute keine Gedichte mehr.

OSKAR Wie dumm von ihnen. Weitaus angenehmer wird die Wahrheit in Pentametern. Sie wird so schön griffig, so anschaulich, so übersichtlich. Atomtests in Rahmenstrophen gebunden, Kriegsvergewaltigungen im Kreuzreim mit weiblicher und männlicher Kadenz! Nahezu ein Vergnügen - ästhetisch gesehen. Und irgendwie auch gar nicht so verlogen. Darauf kommt es dir doch an, nicht wahr?

MANFRED Du überzeugst mich. Ich werde für Vikki ein Gedicht schreiben.

MANFRED will das letzte, übriggebliebene, von Oskar beiseitegelegte Papier verbrennen.

OSKAR Das nicht! Die Formulierungen lassen sich bestimmt noch mal verwenden.

SECHZEHNTE SZENE

LARS kommt von oben die Treppe herunter.

ALWIN Wo ist Vikki? Was macht sie denn noch?

LARS Sie sitzt in der Badewanne und bereitet sich auf ihre Mutterschaft vor. Mental trainiert sie sozusagen die Unterwassergeburt.

OSKAR *erstaunt:* Ach - Sie bekommt...

LARS nickt.

OSKAR *zitiert:* Lächelnd gleich einer Meerjungfrau zwischen Himmel und Erde... *Bester Laune:* Gratuliere, mein Junge! Es geht doch nichts über wahres Vaterglück!

MANFRED *erhebt sein Glas:* Skol! Es lebe die Überbevölkerung!

ALWIN Hättest du ihr keinen Hund schenken können?

LARS Die Puzzleteile passen nicht.

ALWIN Was meinst du damit?

LARS Nichts.

Telefonklingeln.

ALWIN *nimmt das Phone:* Ja? Augenblick! *Laut rufend:* Vikki, für dich. Irgend ’ne Mutter. Geh oben ran!

VIKKI *aus dem Off:* Jetzt nicht! Mach’s aus. Alwin!

ALWIN *legt es weg, holt den Rehbraten aus der Küche und drückt Lars ein Messer in die Hand:* Du kannst mir mal mit dem Braten helfen!

LARS *versucht lustlos, den Braten zu schneiden, stellt sich aber ungeschickt an, legt das Messer wieder weg:* Oskar, könntest du...

OSKAR Wartet auf Vikki, Kinder! Wir müssen uns jetzt erst mal um die Uhr kümmern. Manfred, hol mal die Fonduegabeln aus dem Vertiko! Damit geht so was immer.

MANFRED geht, öffnet die Türen des Vertikos und sucht.

OSKAR Wenn du sie nicht findest, tun es auch die Hummergabeln. Sie liegen in der obersten Schublade rechts.

MANFRED entnimmt dem Vertiko ein Kästchen Hummergabeln, das er OSKAR übergibt. OSKAR öffnet es und sucht darin herum.

MANFRED *betrachtet das Zifferblatt der Uhr eingehend:* Tempus fugit!

OSKAR Steht auf jeder Uhr.

OSKAR gibt Manfred das Besteckkästchen zum Halten. Nimmt selbst eine Hummergabel und macht sich am Werk der Uhr zu schaffen, beginnt, alle möglichen Türchen der Uhr zu öffnen, nicht die des Uhrenkastens.

MANFRED *sieht Oskar zu:* Kannst du das denn überhaupt?

OSKAR Ich bin Chirurg.

MANFRED Wie konnte ich das vergessen! *Blickt an der Uhr hinunter und zieht einen schwarzen Schuh hinter ihr hervor.* Was ist das denn?

OSKAR Ach, da ist er ja! Der Schuh gehört dem Lieferanten, der uns vorhin die Standuhr brachte. Stell dir vor: Der hat ihn doch einfach ausgezogen! Und als er ihn wieder anziehen wollte, hat er ihn nicht mehr gefunden. Dreimal darfst du raten, warum ich jetzt in Pantoffeln herumlaufe!

MANFRED Du bist entmachtet, ein Pantoffelheld geworden. Stimmt's?

OSKAR Manchmal sind deine Scherze peinlich. Der Kerl trägt meinen Schuh, weil der von Alwin ihm zu klein war.

ALWIN Mein Gott! Warum gebt ihr euch nur so viel Mühe mit diesem fürchterlichen Ding?

MANFRED und OSKAR beachten den Einwurf nicht.

ALWIN Das lohnt sich doch gar nicht!

OSKAR Nun lass uns mal in Ruhe, Alwin! Vikki wird gleich kommen.

ALWIN Lars, nervt dich das denn nicht auch? Du kannst ihnen auch mal sagen, dass sie damit aufhören sollen!

LARS *umfasst Alwin freundschaftlich beruhigend an den Schultern:* Lass sie doch! Es ist für Vikki.

ALWIN Vikki! Vikki! Immer nur Vikki!

LARS Sie hat heute Geburtstag.

ALWIN Liebst du sie eigentlich?

LARS Natürlich.

OSKAR Mit den Gabeln geht's nicht.

MANFRED Vielleicht finden wir was in der Küche.

OSKAR und MANFRED gehen nach links ab.

SIEBZEHNTE SZENE

ALWIN Wie gefällt dir übrigens mein Negligé? *Spreizt sich auf der Récamière.* Ich mag dich schon sehr, Lars. *Berührt Lars mit seinen Füßen.* Weißt du?

LARS Lass das!

ALWIN Ich könnte schwören, dass du es auch mit Männern machst.

LARS Hör auf damit!

ALWIN Oder treibst du es nur mit alten Frauen?

LARS Alwin, du weißt nicht, was du sagst, und schon gar nicht, was Liebe ist.

ALWIN Natürlich weiß ich das.

LARS Wirklich?

ALWIN Ich könnte dir ja auch was kaufen, irgendetwas, was du möchtest.

LARS Genau das meine ich.

ALWIN Muss ja nicht sein, wenn du nicht willst. *Ist inzwischen aufgestanden und umfasst Lars von hinten.*

LARS Nimm deine Hände weg! Damit hat wahre Liebe nichts zu tun.

ALWIN Du bist vielleicht verklemmt. *Nähert sich ihm wieder.* Bist du denn nicht auch manchmal einsam?

LARS Alwin! Lass das! - Ich bin HIV positiv.

ALWIN *weicht abrupt zurück:* Oh, vergiss es! *Zieht sein Negligé aus.* Und was ist mit Vikki?

LARS Vermutlich.

ALWIN Aha, die Rache des Einhorns? Egal! Ich mische mich nicht weiter in Beziehungskisten. Schade nur um Vikki! Aber sie ist ja immerhin auch schon vierzig. *Legt das Negligé ordentlich zusammen.* Ich glaube, ich schenke ihr doch mein Negligé. Es würde sie freuen. - Weiß sie es eigentlich?

LARS Wozu?

ACHTZEHNTE SZENE

MANFRED und OSKAR kommen aus der Küche mit einigen Küchenutensilien, mit denen OSKAR an der Uhr herumwerkelt.

MANFRED *langweilt sich:* Du gibst dir überhaupt keine Mühe, Oskar. Lass mich das machen! *Nimmt Oskar das Steakmesser aus der Hand.*

OSKAR Ich glaube nicht, dass du das schaffst. Deine Fähigkeiten reichen allenfalls für Kuckucksuhren.

MANFRED *bastelt mit dem Messer ungeschickt am Uhrwerk herum. Ungeduldig:* Komm endlich runter, Vikki!

OSKAR Das Buffet ist schon aufgebaut, Liebes!

NEUNZEHNTE SZENE

Es klingelt.

MANFRED Ich gehe schon. Das Ding... *Nickt in Richtung Uhr:* ...kriegen wir heute ohnehin nicht mehr in Gang. *Verschwindet im Flur. Erstaunt aus dem Off:* Herr Caspar? Was wollen Sie denn hier? Wir waren uns doch einig? *Zusammen eintretend mit Herrn Caspar, der der Standuhrlieferant ist, jedoch nicht mehr blind zu sein scheint. Herr Caspar trägt jetzt einen Trenchcoat und noch immer die unterschiedlich farbigen Schuhe aus der 9. Szene. Er hat eine Pfeife bei sich. Manfred stellt ihn vor:* Herr Caspar.

OSKAR Wer?

ALWIN *unverbindlich:* Ach, Sie sind's! Hi! *Verschwindet in der Küche.*

OSKAR *überrascht:* Manfred, du kennst ihn? Das ist doch der Mann, von dem ich dir vorhin erzählt habe. Du weißt, der mit dem Schuh.

CASPAR *sachlich und bestimmt:* Ich bin der Vater von Frau Jaspers, Ihrer Patientin, die kürzlich bei Ihnen verstorben ist.

OSKAR schrickt fast unmerklich zusammen, hat sich dann aber sofort wieder in der Gewalt.

LARS Ach Vater, was machst du denn hier?

CASPAR Dasselbe wollte ich dich gerade fragen, Junge.

LARS Ich bin hier unter Freunden.

CASPAR Freunde? Was? Diese Leute? Freunde?

LARS Was soll die Frage, Vater? Du hast dich doch noch nie darum gekümmert, wer meine Freunde sind. Dich interessierten immer nur die Freunde deiner Tochter.

CASPAR Ein Vater macht sich eben Sorgen. Deine Schwester war so zart und so empfindsam, und dennoch immer voller Lebensenergie.

LARS Deshalb haben wir sie wohl heute Morgen auch beerdigt. Wo warst du überhaupt? Ich habe dich auf dem Friedhof vermisst - und mit mir massig Spatzen und zwei Krähen.

CASPAR Und Tante Paula?

LARS Die kam zu spät, weil ihr Rollstuhl zur Reparatur war. Sie musste sich extra eine Rikscha mieten. Volle zwei Stunden haben wir auf dich gewartet.

CASPAR Das tut mir leid. Ich musste diese Standuhr liefern.

LARS Und das war wichtig?

CASPAR Ja, das war es. Außerdem konnte ich auf dem Friedhof sowieso nichts mehr für deine Schwester tun. Ich habe sie noch kurz vor ihrem Tod im Krankenhaus gesprochen. Warum hast du sie eigentlich nie besucht?

LARS Ach Vater, wir hatten uns noch nie etwas zu sagen. Das weißt du doch.

CASPAR Ich dachte, du liebtest sie, wo sie früher immer deine Schulaufgaben kontrollierte und darauf achtete, dass du die Unterwäsche nicht länger als drei Tage trägst.

LARS Was weißt denn du schon von Liebe?

CASPAR Mein Junge, ich liebe dich.

LARS Wirklich? Deine tote Tochter stand dir doch immer näher, obwohl es mich natürlich wundert, weshalb dir eine Standuhr wichtiger ist.

CASPAR Ich kann es dir erklären.

LARS Spar dir die Mühe! Mich interessieren Standuhren grundsätzlich nicht.

CASPAR Dann lass mich dir wenigstens versichern, dass ich dich niemals weniger als deine Schwester liebte.

LARS Was du nicht sagst! Ihr wurde immer jeder Wunsch erfüllt. Mir nie.

CASPAR Das ist nicht wahr. Ich war nie böse, dass du den Namen deiner Mutter trägst und habe mich die ganze Zeit um dich gekümmert, als sie damals starb. Selbst an den Baggersee bin ich mit dir gefahren, weil du das Wasser so romantisch fandest. Und dabei habe ich nicht einmal den kilometerlangen Stau beklagt.

LARS Aber du bist mit mir nicht hineingesprungen.

CASPAR Lars, ich bin Nichtschwimmer.

LARS Gerade deshalb hättest du mit mir ins Wasser gehen sollen. Doch du hattest mich im Stich gelassen. Und jetzt fragst du, was Liebe ist? Alle lassen mich im Stich. *Murmelnd zu sich:* Doch manchmal täuschen sie sich ganz gewaltig.

CASPAR Mein armer Junge! Wie konntest du dich nur mit dieser Familie hier einlassen?

LARS Das ist nicht der Punkt. Sie ist mir manchmal näher, als du denkst, und ihre Ignoranz ist auch nicht größer als die deine.

CASPAR Du bist so überspannt, Lars! Ich habe dich nie verstanden.

LARS Das bezweifele ich nicht. Aber sag mal, du kennst Manfred Blum?

CASPAR Ja. Ich traf ihn im Krankenhaus bei deiner Schwester. *Zu Oskar:* Und Sie sind...

LARS Das ist Doktor Behrenfeld.

CASPAR ...der Mörder meiner Tochter.

OSKAR *entrüstet:* Ich hab mich wohl verhört. Und Sie, Sie können sehen? Sagten Sie heute Morgen nicht, Sie seien blind?

CASPAR So was ist relativ.

OSKAR Dann sollten Sie die Wahrheit auch nicht länger ignorieren. Ich habe Ihrer Tochter viel erspart. Sie war unheilbar und wäre unter mörderischer Qual gestorben.

CASPAR Sie hätten es dem Schicksal überlassen sollen.

OSKAR Glauben Sie mir, Herr Caspar, der Tod Ihrer Tochter stand völlig außer Frage. Und... Sehen Sie es doch einmal positiv! Ein Teil von ihr wird sogar überleben. Dafür sollten Sie uns Ärzten lieber dankbar sein!

CASPAR Was muten Sie mir zu? Ich kenne den Zusammenhang. Und ich bin einfach nur entsetzt.

OSKAR Dann denken Sie doch an den Fortschritt! Ihre Tochter starb ohne jeden Schmerz, und das für Menschlichkeit und Wissenschaft. Weshalb sollte sie sich denn noch lange quälen?

CASPAR Auch Wissenschaft muss sich Gesetzen beugen.

OSKAR Was für Gesetzen?

CASPAR Sind Sie kein Christ? *Betont:* Du sollst nicht töten! Eiskalt haben Sie meine Tochter umgebracht!

LARS Das kann ich mir nicht denken, Vater.

OSKAR Sind Sie verrückt? Es war ein Akt der Nächstenliebe! Wie könnte ich jemals so was tun? Auch ich bin Vater einer Tochter.

CASPAR Die ist genauso schuldig. Wo ist sie überhaupt, die Frau Doktor?

LARS Sie sitzt im Wasser. Ich gehe und hole sie. Bestimmt wirst du sie mögen, Vater. *Geht hinauf, um Vikki zu holen.*

MANFRED *bringt Caspar in hündischer Untergebenheit den Schuh:* Herr Caspar, Ihr Schuh!

CASPAR *nimmt den Schuh:* Danke! *Tauscht seinen linken Schuh gegen den angebotenen.*

MANFRED Sie können sich auf mich verlassen, Herr Caspar! Und auch Alwin wird auf unserer Seite sein. Er ist nämlich ein höchst wichtiger Zeuge für uns. Er könnte so einiges vor Gericht aussagen.

ALWIN *kommt aus der Küche:* Was soll ich sagen?

MANFRED *zu Caspar:* Ich muss ihm allerdings zuvor noch einiges erklären.

ALWIN Was willst du mir erklären? Ich habe dir noch nie geglaubt. *Macht sich am Buffet zu schaffen.*

OSKAR *zu Manfred:* Halt ja den Mund! Wir waren uns einig. Und lass Alwin in Frieden! *Zu Caspar:* Und Sie, mein lieber Freund, Sie werden eine neue Tochter haben. Ihr Sohn liebt nämlich meine Vikki. Das Glück der Liebe sollte uns doch heilig sein! *Nimmt zwei Gläser, gießt Champagner ein und drückt eines Caspar in die Hand:* Ich heiße Oskar.

CASPAR *stellt sein Glas ohne zu trinken ab, entdeckt dabei auf dem Tisch die übrig gebliebene Seite des umgeschriebenen Artikels, beginnt zu lesen. Sieht Manfred an:* Von Ihnen?

MANFRED zuckt entschuldigend die Schultern.

OSKAR *nimmt Caspar das Blatt wieder weg und drückt ihm das abgestellte Glas noch einmal in die Hand:* Mensch, schauen Sie nicht so verdutzt! Ihr Sohn schwängerte meine Tochter! Sie werden Opa! Wir werden beide Opa! Ist das nicht wunderbar? Bald gehen wir zusammen Arm in Arm im Park spazieren mit dem Kleinen.

CASPAR Gott möge das verhindern!

MANFRED Wir werden das verhindern!

CASPAR Wir? Sie haben mich schwer enttäuscht, Herr Blum! *Zeigt auf das Blatt:* Das hier... *Drückt das Glas Manfred in die Hand:* Nehmen Sie!

LARS *kommt die Treppe herunter:* Ich konnte Vikki leider nicht dazu bewegen, mit mir herunterzukommen, Vater. Gern hätte ich sie dir vorgestellt. Doch scheint sie augenblicklich recht verwirrt. Sie redete von Mutter und weigerte sich, die Badewanne zu verlassen.

MANFRED Das sieht ihr ähnlich! Immer wenn's brenzlig wird, verschanzt sie sich im Badezimmer. Doch wird ihr das nichts nützen, nicht wahr, Herr Caspar?

CASPAR Lassen Sie mich! Sie haben mich enttäuscht, Herr Blum. Ich sagte es bereits. Maßlos enttäuscht! Dieser Mord hier, das ist jetzt nur noch meine Sache. Die nehme ich jetzt selber in die Hand.

MANFRED trinkt das Glas in einem Zug leer.

LARS Das brauchst du gar nicht, Vater. Vikki stirbt ohnehin an Aids.

ALWIN steht noch am Buffet, schneidet sich umständlich ein Stück vom Braten ab und beginnt zu essen.

OSKAR Wie bitte? Sag das noch mal! Was hast du Vikki angetan, du skrupelloser Mörder? *Fasst Lars am Kragen.* Eingeschlichen in unser Haus hast du dich, unser Vertrauen erworben, Vikkis Liebe ergaunert. Und dann missbrauchst du ihre grenzenlose Güte, ihre Menschlichkeit, und legst sie einfach um? Wie konntest du gewissenloser, geiler Strolch so etwas tun? Sie ist mal eben vierzig. Eine wundervolle Tochter!

ALWIN *streichelt Nora:* Guck mal, Vikki! Nora mag mich.

VIKKI Lass das Vieh in Ruhe, Alwin! Wir haben hier Wichtigeres zu klären. Wenn Sie nicht blind sind, guter Mann, dann sagen Sie mir doch einmal, wie spät es ist! Schauen Sie auf die Uhr!

CASPAR *blickt zur Standuhr:* Es ist genau 11 Uhr 55.

VIKKI Das stimmt nicht.

CASPAR Dann eben 11 Uhr 56.

VIKKI Falsch!

CASPAR Ich hab's doch gesagt: 11 Uhr 55.

VIKKI Nein. Eben nicht.

OSKAR *traut sich aufzustehen:* Ich stelle fest: Sie sind tatsächlich blind. Meine Tochter hat Sie ganz richtig eingeschätzt. Wir alle können nämlich sehen, dass es nicht 11 Uhr 55 ist.

MANFRED Quatsch! Natürlich ist es...

OSKAR *hält ihm sofort den Mund zu:* Lars, gib mir mal Vikkis Tuch! *Drängt Manfred auf einen der Sessel im Hintergrund und knebelt ihn mit dem gereichten Schal.*

LARS *Caspar gegenüber erklärend:* Du hast mich nie geliebt, Vater.

CASPAR *achtet nicht auf Lars, nimmt nur die Uhr wahr:* Augenblick! Jetzt ist es... Halt! - Es ist genau 11 Uhr 56.

VIKKI Sie irren.

CASPAR Es kann doch noch nicht 12 Uhr sein?

OSKAR Ich stimme Ihnen zu.

CASPAR Oder? 23 Uhr 59, nicht wahr?

LARS Falsch, Vater!

CASPAR *verunsichert:* Halb zwölf? Viertel zwölf? Doch fünf vor zwölf? Ein Uhr? Zwanzig Minuten nach zwölf? 11 Uhr 32? *Vikki, Oskar und Lars schütteln nach jeder Angabe den Kopf.* Bin ich denn wirklich blind? *Vikki, Oskar und Lars nicken.* Oh Gott, ich habe es insgeheim immer befürchtet!

OSKAR Aber das macht doch nichts, mein Freund. Wir können Ihnen helfen. Meine Tochter kann selbstverständlich auch Hornhäute transplantieren, Netzhäute, Regenbogenhäute, Linsen, ja sogar komplette Augen. Sie können sogar die Farbe wählen: Grün oder Braun, Rot oder Blau, kariert oder gestreift, ganz wie Sie wollen.

CASPAR *ungläubig:* Auf Krankenschein?

OSKAR Sie brauchen keinen Krankenschein. Sie gehören doch jetzt quasi zur Familie. *Selbstzufrieden:* Manfred, hol mir mal meine Schuhe!

MANFRED nimmt den von Caspar abgelegten Schuh vom Boden und geht ins Nebenzimmer, um den zweiten zu holen.

ALWIN *streichelt noch immer den Kakadu:* Herr Caspar, jetzt darf ich doch Nora behalten, nicht wahr?

CASPAR Ja, mein Kind!

MANFRED bringt beide Schuhe.

OSKAR *zieht sie an:* Danke!

CASPAR Und was ist mit meinem Sohn? Was ist mit Lars? Verzeihen Sie ihm, Herr Doktor?

OSKAR Natürlich. Ich habe schließlich Verständnis für die Liebe. Da muss man immer Opfer bringen. Manfred, gieß uns mal den Champagner ein!

MANFRED *gießt - noch immer geknebelt - Champagner in die Gläser, die auf dem Vertiko stehen. VIKKI löst ihm das Tuch und gibt jedem ein Glas. ALLE stoßen an.*

OSKAR Auf Vikki! Und auf das Leben

ΙΠΠΟΚΡΑΤΗΣ